Formel X

Jurriaan Kamer · Rini van Solingen

Formel X

Wie Sie die Prozesse in Ihrem Unternehmen extrem beschleunigen

Ein Businessroman

Aus dem Niederländischen von Rolf Dräther

dpunkt.verlag

Jurriaan Kamer · *jurriaan@formule-x.nl*

Rini van Solingen · *rini@formule-x.nl*

Lektorat: Christa Preisendanz
Übersetzung: Rolf Dräther, *www.happycentric.de*
Copy-Editing: Ursula Zimpfer, Herrenberg
Satz: Birgit Bäuerlein
Herstellung: Stefanie Weidner
Umschlaggestaltung: Helmut Kraus, *www.exclam.de*
Druck und Bindung: mediaprint solutions GmbH, 33100 Paderborn

Bibliografische Information der Deutschen Nationalbibliothek
Die Deutsche Nationalbibliothek verzeichnet diese Publikation in der Deutschen Nationalbibliografie; detaillierte bibliografische Daten sind im Internet über *http://dnb.d-nb.de* abrufbar.

ISBN:
Print 978-3-86490-731-9
PDF 978-3-96088-914-4
ePub 978-3-96088-915-1
mobi 978-3-96088-916-8

Hinweis:
Dieses Buch wurde auf PEFC-zertifiziertem Papier aus nachhaltiger Waldwirtschaft gedruckt. Der Umwelt zuliebe verzichten wir zusätzlich auf die Einschweißfolie.

PEFC zertifiziert
Das Papier für dieses Buch stammt aus nachhaltig bewirtschafteten Wäldern und kontrollierten Quellen.
PEFC/04-31-0810 www.pefc.de

Schreiben Sie uns:
Falls Sie Anregungen, Wünsche und Kommentare haben, lassen Sie es uns wissen:
hallo@dpunkt.de.

5 4 3 2 1 0

»If everything seems under control, you're not going fast enough!«

Mario Andretti
(ehemaliger Formel-1-Fahrer)

Geleitwort von Robert Doornbos[1]

Obwohl mich die meisten Menschen als (ehemaligen) Autorennfahrer und Formel-1-Analysten bei Ziggo-Sport kennen, war es mein größter Kindheitstraum, einmal Wimbledon zu gewinnen. Von klein auf habe ich mich fortwährend mit Tennis beschäftigt und einige Jahre lang an Wettbewerben auf hohem Niveau teilgenommen, bis ich 1998 gemeinsam mit meinem Vater als Gast des Williams-Teams nach Spa-Francorchamps zum Grand Prix von Belgien eingeladen wurde. Es war sofort um mich geschehen. Diese Geräusche. Diese Kraft. Diese Geschwindigkeit. Wahnsinn! Auf dem Heimweg war mir völlig klar: Das ist mein Ziel, hier liegt meine Leidenschaft. Meinen Tennisschläger hängte ich an den Nagel und der Wunsch, mir eine Karriere als Autorennfahrer aufzubauen, war geboren.

Weil ich hart daran arbeitete, niemals aufgab und alles für den Sport gab, stand ich genau sieben Jahre später im Startfeld der Formel 1. Meinen ersten Grand Prix fuhr ich auf dem Hockenheimring. Ganz vorne stand mein großes Idol Michael Schumacher. Den habe ich während des Rennens noch ein paar Mal gesehen … ich glaube, er hat mich mehr als vier Mal überholt. Aber das machte mir nichts aus; ich fuhr Autorennen! Insgesamt durfte ich elf Rennen in der Formel 1 fahren – eine fantastische Erfahrung. Erfolge im Autorennsport hatte ich später hauptsächlich in der amerikanischen Variante der Formel 1: der IndyCar-Serie[2]. In dieser Meisterschaft habe ich Rennen gewonnen und um den Meistertitel gekämpft. Die USA sind ein großartiges Land, um dort als Spitzensportler zu leben und zu wohnen. Während meiner Rennkarriere habe ich gelernt, dass Ziele entscheidend sind. Nur indem man sich ambitionierte Ziele setzt, gelingt es, alles

1. *https://de.wikipedia.org/wiki/Robert_Doornbos*
2. *https://de.wikipedia.org/wiki/IndyCar_Series*

aus sich herauszuholen und bis an die Grenzen zu gehen. Denn genau dort, im Grenzbereich, liegen die Chancen, besser zu werden. Noch gezielter, noch schneller, noch besser. Ein Ziel, viel Disziplin und unendlich viel Durchhaltevermögen. Dann ist der Erfolg immer in Reichweite.

Diese Erkenntnis habe ich auch in mein Leben nach der Rennkarriere mitgenommen. Nicht nur als Analyst, sondern auch als Unternehmer. Aus meiner Sicht sind es drei entscheidende Dinge, die ich in meinem Geschäftsleben noch heute täglich nutze. Zuallererst: eine konstante Balance zwischen *risk* und *reward* zu finden. Wie viel Risiko ist man bereit einzugehen, um sein Ziel zu erreichen, und wie hoch ist die damit verbundene Belohnung? In der IndyCar-Serie habe ich einen Teamkollegen verloren (Justin Wilson) und war selbst häufig genug arg lädiert. Es ist mir einige Male passiert, dass einen Tag nach dem Rennen jemand mit einem Scheck über Hunderttausend Dollar an meinem Krankenbett stand, weil ich den Preis für den »Kracher der Woche« gewonnen hatte. Mit einer kollabierten Lunge kann man aber nur mühsam lachen, das weiß ich aus eigener Erfahrung. Auch bei Investitionen in Start-ups nehme ich immer eine *Risk-Reward*-Abwägung vor. Dabei lasse ich mich so viel wie möglich von meinem Gefühl leiten, so wie hinter dem Steuer, doch immer wieder suche ich die Balance zwischen Gefahren und Erträgen.

Zum Zweiten habe ich gelernt, wie wichtig Menschenkenntnis beim Aufbau von Teams ist. Im professionellen Rennsport auf höchstem Niveau dreht sich alles um das Team. Angefangen bei dem, der den Werkstattboden streicht, bis hin zu demjenigen, der die Leitung innehat. Sie alle sind vollwertige Mitglieder des Teams und jeder trägt auf seine Weise dazu bei, das Team voranzubringen. Wenn ich beispielsweise heutzutage einmal das Red-Bull-Team besuche, kenne ich bestimmt noch siebzig Prozent der Menschen dort. Und auch sie kennen mich noch, obwohl es inzwischen mehr als zehn Jahre her ist, dass ich im Red Bull RB2 meine Runden fuhr. Teammitglieder wachsen innerhalb des Teams, verbessern sich selbst und damit auch das Team. Darüber hinaus sind sie äußerst loyal, was ein Zeichen dafür ist, dass es stimmt.

Zu guter Letzt habe ich gelernt, dass für manche Menschen doch noch ein Unterschied zwischen Sponsoring und einem Darlehen besteht ;) Doch zum Glück ist diese Angelegenheit ganz und gar abgeschlossen.

Als Jurriaan und Rini mich baten, für dieses Buch ein Geleitwort zu schreiben, hatte ich einen Augenblick lang Zweifel. Was habe ich, ein Ex-Sportler, in einem Managementbuch zu suchen? Obwohl ich nicht wirklich viel lese, war ich doch neugierig auf dieses Buch. Ich sehe nämlich immer mehr Parallelen zwischen der Formel 1 und der Wirtschaft: das Streben nach Perfektion, die schrittweise Verbesserung und die zunehmende Schnelligkeit und Agilität. In der Formel 1 dreht sich alles um das Rennen am Sonntag. Das ist entscheidend. Dort werden die Preise vergeben. Auch in der Wirtschaft gibt es solche Momente. Vielleicht nicht am Sonntagnachmittag, aber es gibt sie. Ist das gesamte Unternehmen dann einsatzbereit? Begreift jeder, dass nun, nach Tausenden Stunden gemeinsamer Vorbereitung, die Ernte eingefahren werden kann? Sind alle bereit, um für den ersten Platz durchzuhalten? Kurzum: Kann man sich auf seine Teammitglieder verlassen, wenn es wirklich ums Gewinnen geht? So gesehen ist es tatsächlich eine schöne Idee, einmal zu schauen, wie die Lektionen aus der Formel 1 auf das »normale« Wirtschaftsleben übertragen werden können. Vor allem, wenn es um Teamarbeit geht, denn darin zeichnet sich die Formel 1 aus.

Deshalb habe ich mit viel Freude das Manuskript gelesen und dieses Geleitwort geschrieben. *Formel X* liefert einen guten Überblick über Lektionen aus der Formel 1, die direkt in Unternehmen angewendet werden können. Und durch die erzählerische Form findet man schnell Zugang zu dem Buch. Es ist leicht lesbar; ich hatte es innerhalb weniger Stunden durch. Und das Wesentliche wird am Ende noch einmal in einem übersichtlichen Modell zusammengefasst. Das Buch handelt eigentlich mehr von selbstorganisierten Teams und Organisationsveränderung als vom Rennsport. Das fand ich persönlich etwas schade, denn Autorennen fahren ist meine Leidenschaft. Ich bleibe natürlich durch und durch ein Rennfahrer.

Nichtsdestotrotz verschafft dieses Buch einen hervorragenden Einblick, welche Aspekte der Formel 1 auch in der Wirtschaft relevant und anwendbar sind. Ich erkannte beispielsweise den Fokus auf Vereinfachung wieder oder die ständige Fragestellung: »Wird das Auto dadurch schneller?« Diese immer wiederkehrende Suche nach der extra Hundertstelsekunde, denn all die Hundertstelsekunden summieren sich zu ganzen Sekunden auf. Und die entscheiden dann über Gewinnen oder Verlieren. Auch der Fokus auf ständiges Lernen und Verbessern war mir nicht fremd. Damit ist die Formel 1 gespickt. In jedem Rennen lernen, wie das kommende Rennen noch besser werden kann. Darin liegt der Schlüssel zum Erfolg. Immer!

Fazit: *Formel X* ist ein Buch, das sich gut liest und Einsichten vermittelt, wie man Lektionen aus der Formel 1 in die eigene Praxis überführen kann. Deshalb empfehle ich dieses Buch von Herzen. Ich wünsche viel Freude und Inspiration beim Lesen. Und danach … beschleunigen!

Robert Doornbos
Amsterdam, 9. April 2019

Inhalt

Die Geschichte

Prolog

Als das Echo der zugeschlagenen Tür verhallt, wird es auf einmal sehr still im Haus. Ist es wirklich das, was ich will? Und – ist es all das wert?

Dann klingelt mein Telefon. Die Nummer kenne ich nicht. Ich drücke den Anruf weg. Drei Sekunden später wieder dieselbe Nummer. Noch einmal drücke ich sie weg, werde aber sofort wieder angerufen. Also beschließe ich ranzugehen.

»Ronald Verhulst, ja bitte?« Ich merke selbst, wie gereizt das klingt. Am anderen Ende ist Poltern und Lärm zu hören und Musik im Hintergrund. Erst kann ich nichts verstehen, doch dann höre ich: »Hallo, hallo? Ich bin's. Hörst du mich? Kannst du zu mir kommen? Ich muss dich *unbedingt* sprechen.« Es dauert einen Moment, ehe ich die Stimme von Henk, unserem Großaktionär, erkenne. Er klingt verwirrt. Scheint betrunken zu sein. Vor allem aber höre ich Panik in seiner Stimme. Natürlich kann ich zu ihm kommen. Für Henk würde ich alles tun – was auch passiert. Ich springe in mein Auto und fahre los.

Als wir uns knapp eine Stunde später treffen, ist er noch immer aufgewühlt. »All die Jahre habe ich verdammt hart gearbeitet, und nun ist das alles umsonst gewesen!« Das klingt nicht wie Henk. »Henk, was meinst du damit? Was ist los? Warum diese Panik?« »Hast du denn wirklich überhaupt nichts mitbekommen, Ronald?! Es ist in den letzten Monaten sehr schnell bergab gegangen mit meinem Geld. Ich bin fast pleite. Wir haben gerade noch Geld für die nächsten paar Wochen. Immer wieder habe ich aus eigener Tasche zugeschossen, aber damit ist nun auch Schluss!« Betrübt spricht er weiter: »Ich sehe die Schlagzeilen schon vor mir: vom Multimillionär zum Sozialhilfeempfänger!« Schweigend starrt er vor sich hin. Ich bin völlig perplex und weiß nicht, was ich sagen soll. Dann sieht er mich auf einmal an und packt mich fest an den Schultern. Mit ausgestreckten Armen schaut er mir direkt in die Augen, als er mich anfleht: »Du bist der Einzige, der uns jetzt noch retten kann, Ronnie. Bitte, ja? Nur du kannst das schaffen.«

Teil I
Freies Training

Neun Monate zuvor

Quickie

Neun Monate zuvor, an einem Samstagnachmittag im März

»Ronald, warum unternimmst du nichts dagegen? Du bist doch der Geschäftsführer?«, ruft meine Frau verärgert vom Sofa im Wohnzimmer aus. Ich hole mir gerade in der Küche einen Espresso. Sie hat unsere Werbespots noch nie ausstehen können, aber dieses Mal klingt sie noch gereizter als sonst. »Das geht nun echt zu weit! Dieser Spot ist wirklich extrem sexistisch!«

Ich habe Yvonne kennengelernt, als ich in Hannover Logistik studierte. Wir wohnten im selben Studentenwohnheim. Als ich sie das erste Mal sah, war ich sofort verrückt nach ihr. Es war wirklich Liebe auf den ersten Blick. Naja, von meiner Seite aus. Nicht aber bei Yvonne. Sie hatte eine nahezu undurchdringliche Mauer gegen alle Avancen testosterongesteuerter Studenten um sich errichtet. Doch ich war fest entschlossen und habe echt lange durchgehalten – von Blumen bis zu Briefen und von Schokolade bis hin zu Rosenblättern. Am Ende ließ sie sich überzeugen und ging mit mir aus. Noch im selben Monat haben wir unsere Studentenzimmer gekündigt und eine kleine Wohnung gemietet. Nach dem Studium haben wir geheiratet.

In dem Werbespot spielt unser Firmeninhaber und Großaktionär, Henk Sneller, die Hauptrolle. Er ist wie ein Cowboy gekleidet: nackter Oberkörper, braune Stiefel, Jeans und auf dem Kopf ein großer grauer Cowboyhut. Sein langes graues Haar schaut als Pferdeschwanz darunter hervor. In dem Reklamespot protzt er mit seinem braungebrannten, behaarten Brustkorb. Henk ist schon weit in den Sechzigern, aber ich muss zugeben, dass er mit seiner schlanken, muskulösen Statur um einiges jünger aussieht. Links und rechts hat er jeweils den Arm um die Hüfte eines gut aussehenden Fotomodels gelegt. Die beiden tragen Arbeitskleidung unseres Unternehmens, jedoch eher die wenig verhüllende, ultrakurze und hautenge Variante. Sie schmachten mit einer sexy Pose in die Kamera und beide haben eine Hand auf Henks nackter Brust liegen.

Mit einem breiten Grinsen und einem kräftigen Augenzwinkern sagt Henk: »*Howdy!* Da bin ich wieder, der Küchen-Cowboy. Sie wollen eine neue Küche, haben aber nicht viel Zeit? Dann gehen Sie schnell auf die Website von *Kitchen Quick*. Wir sind auf schnelle und sehr zufriedenstellende Lieferung spezialisiert. Also – Lust auf einen Quickie? Dann schnell zu *kitchenquick.nl*. Für schön, gut und schnell!!« Der Spot endet mit einem breiten Lächeln und ebensolchem Augenzwinkern von Henk, während ihm beide Models gleichzeitig einen Kuss auf die Wangen drücken.

Die Werbung ist natürlich absichtlich irritierend und völlig übertrieben. Genau dadurch fällt sie auf. Natürlich habe ich Henk schon vorgeschlagen, deutlich professionellere Werbespots zu machen, doch davon wollte er nichts wissen. »Sie wirken sich doch positiv auf die Verkaufszahlen aus, oder?«, war seine Reaktion. Und da hat er Recht. Je mehr über unsere Werbung gesprochen wird, desto mehr verkaufen wir. Und wenn die sozialen Medien explodieren, dann regnet es bei uns Aufträge.

Inzwischen sind schon wieder vier Jahre vergangen, seit Henk mich bat, für ihn bei *Kitchen Quick* zu arbeiten. Ich war reif für eine Veränderung, nachdem ich rund acht Jahre bei einer großen Supermarktkette in verschiedenen Managementfunktionen tätig war. Dort herrschte ein permanenter Druck, immer wieder auf der Karriereleiter einen Schritt höher zu klettern, *hoch oder raus*. Davon hatte ich irgendwann einfach genug. Ich nahm mir einen Karrierecoach, der mir den Rat gab, mich auch einmal bei kleinen und mittelständischen Unternehmen umzuschauen. Er brachte mich direkt mit einem seiner Kunden in Kontakt: *Kitchen Quick* – ein durch und durch bodenständiges Unternehmen, allerdings mit einem Firmengründer und Großaktionär amerikanischer Herkunft.

Ich beschloss, mich als Geschäftsführer zu bewerben, und wurde eingestellt. Ganz sicher ein Wagnis für Henk, denn ich war noch nicht einmal dreißig und hatte keinerlei Erfahrung mit Küchen. Doch Henk ist jemand, der nach Potenzialen Ausschau hält, und die sah er offenbar in mir.

Am Anfang musste ich erst einmal lernen, mit ihm klarzukommen. Henk ist ein unkonventioneller Mann, der irgendwie alles auf die Reihe kriegt.

»Geht nicht – gibt's nicht!« ist sein Motto. Er ist eigensinnig, gewitzt und klug, ein richtiger Unternehmer also, jemand, der überall Chancen wittert, Geld zu verdienen. Und das mit Erfolg. Bereits vor seinem Dreißigsten war er schon Multimillionär. Dies ist etwas, womit er sich gern brüstet. Ich denke, das hat mit seinen amerikanischen Wurzeln zu tun. Meist trägt er extravagante und auffällige Kleidung. Er besitzt beispielsweise eine große Kollektion glänzender Lackschuhe in den verrücktesten Farben: knallrosa, grellgrün, ... Doch wenn ich ehrlich bin: Mit seinem gebräunten Gesicht und seinen langen grauen Haaren steht ihm das alles immer gut.

Henk wollte sich aus dem Tagesgeschäft ein Stück weit zurückziehen. Der »Laden«, wie er immer sagt, lief ja eigentlich beinahe von allein. Man traf Henk immer seltener in den Geschäftsräumen an. Er kümmerte sich nun hauptsächlich um allerlei neue Start-ups. Ich glaube, *Kitchen Quick* zu führen, war für ihn nicht mehr so spannend. »Ich will einen Geschäftsführer, der auf meine Rente aufpasst«, war seine Hauptmotivation, mich einzustellen.

Für diesen Job mussten wir von unserem Appartement im Zentrum von Hannover in eine Wohnung im Umland ziehen. Für Yvonne bedeutete das kein großes Problem, denn als Interim-HR-Managerin ist sie es gewohnt, im ganzen Land Aufträge zu haben. Und ich fand es einfach schön, künftig etwas ländlicher zu wohnen. Es ist eine schöne Umgebung für Kinder, falls wir einmal welche haben sollten.

Kinder oder keine – dieses Thema führt immer wieder zu Diskussionen zwischen Yvonne und mir. Sie hat sich immer gewünscht, zwei Kinder zu haben. Yvonne ist jetzt einunddreißig und damit ein paar Jahre jünger als ich, und nachdem ihre jüngere Schwester gerade ein Baby bekommen hat, meldet sich auch bei ihr die biologische Uhr. Ich möchte auch gerne eine Familie haben, bin mir aber darüber im Klaren, dass das eine Entscheidung ist, die man nicht rückgängig machen kann. Und wir haben noch eine Menge Pläne, zu denen Kinder nicht so recht passen: Reisen, Karriere machen und vielleicht sogar ein paar Jahre im Ausland leben. Yvonne redet in letzter Zeit immer häufiger darüber, schwanger zu werden. Gleichzeitig hat sie vor ein paar Wochen eine anspruchsvolle Ausbildung zur Organisationsberaterin begonnen. Sie merkt, dass sich die Anforderungen an die Arbeit als HR-Managerin gerade stark verändern. Immer häufiger besteht im Markt Nachfrage nach Freiberuflern mit Kenntnissen über neue Organisationsformen. Meiner Meinung nach ist diese berufliche Veränderung eine gute Idee, bevor wir konkret an das Gründen einer Familie denken. Ich hoffe sehr, dass sie zuerst ihre Ausbildung abschließt. So wie ich Yvonne kenne, wäre eine Kombination aus Arbeit *und* Ausbildung *und* Schwangerschaft zur gleichen Zeit zu viel für sie.

Doch zurück zu meinem Job als Geschäftsführer bei *Kitchen Quick*. Im Vergleich zu meinem bisherigen Gehalt müsste ich um dreißig Prozent zurückstecken, wenn ich diesen Job annehme. Deshalb fragte ich Henk, ob ich zur Kompensation Geschäftsanteile bekommen könnte. Er hätte prinzipiell nichts dagegen einzuwenden, meinte er, nur nicht sofort. »Anteile muss man sich verdienen«, sagte er. Das konnte ich gut verstehen. Wir haben uns darauf geeinigt, später noch einmal darauf zurückzukommen.

Was ich an unserer Werbung am schwierigsten finde, ist nicht so sehr der Stil. Natürlich hat Yvonne Recht, dass sie ziemlich sexistisch ist, doch Werbung ist nun einmal dazu da, um aufzufallen und für Umsatz zu sorgen. Und in dieser Hinsicht funktionieren die Werbespots hervorragend. Was mich wirklich stört, ist die Botschaft darin. Der Küchen-Cowboy versichert nämlich, dass wir eine Küche wie einen »Quickie« liefern können, aber das stimmt ganz und gar nicht! Im Mittel liefern wir eine Küche innerhalb von ungefähr zwölf Wochen. Meist sind wir etwas schneller, aber es passiert auch, dass es länger dauert. Das ist nicht wirklich ein Problem, denn die Konkurrenz hat vergleichbare Lieferzeiten, aber zu hohe Erwartungen zu wecken, finde ich nicht klug. Dadurch enttäuschen wir am Ende nur unsere Kunden.

Bevor ich Geschäftsführer wurde, hat Henk bereits selbst vergeblich versucht, die Lieferzeiten zu verkürzen, und dies verbunden mit großem Frust sowohl bei ihm als auch bei den meisten Mitarbeitern. Denn abgesehen von kleinen Beschleunigungen hier und da im Prozess, blieb es doch im Großen und Ganzen bei den drei Monaten. Das nervte Henk maßlos, was mich nicht verwundert, denn er ist von Natur aus sehr ungeduldig. Wenn Henk sich etwas überlegt hat, dann erwartet er, dass andere das innerhalb weniger Stunden umsetzen können. Er hat überhaupt kein Zeitgefühl. Es scheint, als wolle er einfach nicht begreifen, dass manche Dinge Wochen und Monate brauchen können, ehe sie sich verändert haben. Das ist auch einer der Gründe, weshalb viele seiner Pläne versanden. Denn bereits während der Umsetzung einer seiner Ideen im Unternehmen hat er oft schon wieder eine viel bessere Idee. Unsere langjährigen Mitarbeiter haben sich inzwischen daran gewöhnt. Viele von ihnen warten erst einmal ab, wenn Henk einen Vorschlag äußert. Sie wissen nämlich, dass es nur eine Frage der Zeit ist, bis er seine Meinung wieder ändert.

Diese Grundhaltung finde ich schwierig, denn wenn ich einen Mitarbeiter um etwas bitte, muss ich jetzt immer überprüfen, ob er es auch wirklich erledigt. Ich möchte ja Vertrauen in meine Mitarbeiter haben, aber die Praxis hat mich gelehrt, dass das nicht ausreicht. Und diese Botschaft vermittle ich auch all meinen Führungskräften: »Vertrauen ist gut, Kontrolle ist besser!«

Ich konnte nicht ahnen, dass es genau diese Haltung war, die uns beinahe zum Verhängnis werden sollte …

Ins Büro

Montagmorgen – ein Arbeitstag wie viele andere

Ich fahre heute mit dem Auto zur Arbeit, weil ich abends noch einen Termin habe. Insgesamt hat *Kitchen Quick* vier über das Land verteilte Showrooms. Doch meistens halte ich mich in der Firmenzentrale auf, wo unsere Küchen auch produziert werden. Ich stelle mein Auto auf dem Parkplatz hinter dem Haus ab. Früher gab es für die Geschäftsleitung ein paar reservierte Parkplätze direkt am Haupteingang, auf denen Henk gern die größten und teuersten Autos parkte. »Dann können die Leute sehen, dass es hier *sehr gut* läuft!«, war dafür seine Begründung. Ich hielt dagegen, dass das für Zulieferer immer ein Zeichen ist, sich um die Preisgestaltung nicht zu viele Gedanken machen zu müssen. »Genug Geld hier«, strahlte das meiner Meinung nach aus.

Kaum war ich frisch als Geschäftsführer eingestellt, habe ich mir die Umfrage zur Mitarbeiterzufriedenheit angesehen. Daraus ging hervor, dass die reservierten Parkplätze für die Geschäftsleitung vielen Mitarbeitern ein Dorn im Auge sind. Das konnte ich gut nachvollziehen, denn in meinem früheren Job hatte ich mich auch immer über den Sonderstatus der Geschäftsleitung geärgert. Das Topmanagement hatte sogar einen eigenen Lift, der von der Tiefgarage direkt in die »Executive«-Etage fuhr. Nein, in meinem Unternehmen wollte ich keine Sonderparkplätze. Henk hielt von meiner Entscheidung überhaupt nichts. Erfolg muss man schließlich zeigen, aber er versprach, sich weniger ins Tagesgeschäft einzumischen. Dafür hatte er schließlich mich eingestellt.

Wenn ich morgens in der Firma ankomme, drehe ich eigentlich immer dieselbe Runde. Zunächst begrüße ich die Mitarbeiterinnen am Empfang. Danach gehe ich nach rechts in die Werkhalle: das Herz unseres Unternehmens. Hier werden die Küchen produziert. Sie steht voller Sägemaschinen und anderer Geräte. Es ist sehr staubig hier, überall liegt Sägemehl und es riecht immer herrlich nach frisch gesägtem Holz. Hier arbeiten rund dreißig Menschen. Ich kenne sie alle vom Sehen und die meisten auch mit Namen. Doch in ihren Overalls sehen sie sich alle ziemlich ähnlich. Und sie reden auch alle ein bisschen dasselbe. Ein paar Worte zu wechseln ist oft nicht drin, denn jeder trägt wegen der lauten Sägemaschinen Gehörschutz.

Mitten in der Halle, direkt bei der Kaffeemaschine, ist Theos Büro. Er ist der Leiter der Werkstatt, d.h. unserer Produktionsabteilung. Theo versucht seit Jahren, bei uns in der zweiten Etage ein Büro zu bekommen, doch ich unterstütze das nicht, denn ich bin davon überzeugt, dass sich ein Produktionsleiter direkt bei seinen Mitarbeitern in der Werkhalle aufhalten sollte. Als ich an seinem Büro vorbeikomme, klopfe ich kurz ans Fenster und winke ihm zu. Er telefoniert gerade.

Theo ist ein Baum von einem Kerl, gut zwei Meter groß, mit einer riesengroßen Nase. Er ist inzwischen über fünfundfünfzig, sieht aber für sein Alter noch richtig jung aus. In seinem lockigen schwarzen Haar ist noch kein bisschen Grau zu sehen. Es geht das Gerücht um, dass er es färbt, aber das streitet er vehement ab.

Als *Kitchen Quick* vor mehr als dreißig Jahren gegründet wurde, war Theo einer der ersten Mitarbeiter. Damals erhielt er den Spitznamen »die Säge«. Im Laufe der Zeit ist er bis zum Produktionsleiter aufgestiegen. Kaum zu glauben, dass er als Schreiner angefangen hat. Heute trägt er beispielsweise einen Anzug. Ich finde das ja ein bisschen eigenartig, als Produktionsleiter im Anzug herumzulaufen. Die Werkstatt ist staubig – schade um die gute Kleidung. Aber gut, von mir aus kann jeder selbst entscheiden, was er oder sie anzieht.

Theo sitzt seinen Leuten immer ziemlich im Nacken. Eines seiner Mottos ist: »Mitarbeiter sind von Natur aus faul.« Mitarbeiter sind ein notwendiges Übel, findet er. Sie verfügen nicht über das erforderliche Qualitätsniveau, tun nie wirklich das, was man von ihnen erwartet, machen genau im verkehrten Moment einen entscheidenden Fehler und sind krank, wenn es am wenigsten passt. Ich finde, diese Einstellung ist kompletter Unsinn, und diskutiere deshalb regelmäßig mit ihm darüber.

Von der Werkstatt laufe ich zum anderen Ende des Gebäudes und nehme dort den Lift in die dritte Etage. Dort befindet sich der Kundenservice, eine große Abteilung, die sich mehr und mehr hin zu einem professionellen Callcenter entwickelt. Ein großer Raum voller Menschen, die mit Headset vor einem Computermonitor sitzen. Hier geht es oft zu wie in einem Gänsestall, bei all dem Geschnatter der Mitarbeiter. Ich frage mich, wie Menschen bei solch einem Krach überhaupt arbeiten können. Zum Glück hören die Kunden am Telefon nichts von all diesen Umgebungsgeräuschen.

Dort in der dritten Etage treffe ich Laura, die Leiterin des Kundenservice. Sie macht ihre Arbeit gut und sitzt oft noch selbst am Telefon, um Kunden zu beraten. Laura hat eine hohe Stimme, die freundlich, aber auch durchdringend ist. Sie hat lange blonde Haare und trägt eine kleine schwarze Brille. Wir haben sie eingestellt, als sie gerade ihr Studium in Kommunikation abgeschlossen hatte. Sie ist blitzgescheit und innerhalb weniger Jahre zur Abteilungsleiterin aufgestiegen. Laura hat wirklich ein Herz für die Kunden. Im laufenden Tagesgeschäft, wenn wir oft nur mit uns selbst beschäftigt sind, sorgt sie wieder dafür, dass wir die Kunden nicht vergessen. Von Natur aus ist sie ein klein wenig gegen die etablierte Ordnung, stellt oft Dinge infrage und fürchtet sich nicht, mit Tabus zu brechen. Gut, so jemanden in seinem Führungsteam zu haben!

Neben dem Kundenservice befindet sich die Kantine, ein freundlicher, großer Raum mit viel Tageslicht. Zum Mittagessen haben hier alle Platz, sodass wir nicht in Schichten essen müssen. Es ist wirklich gemütlich. Das Mobiliar haben wir erst kürzlich erneuert. Wir nutzen die Kantine auch gern, wenn es etwas zu feiern gibt. Hier haben wir beispielsweise vor Kurzem auf Theos dreißigjähriges Dienstjubiläum angestoßen.

Durch die Kantine laufe ich hinüber zur Abteilung Auslieferung. Sie wird von Wilma geleitet. Ihre Abteilung sorgt dafür, dass die Küchen beim Kunden aufgebaut und angeschlossen werden. Das erfordert viel Maßarbeit, denn letztlich ist jedes Haus und jede Küche anders.

Wilma ist sehr freundlich, ein richtiger »Menschen-Mensch«. Ich finde das ein schreckliches Wort, aber zu ihr passt es wirklich. Sie ist ein soziales Wesen, will für jeden das Beste und tut für ihre Mitarbeiter unglaublich viel Gutes. So hat sie sich die Geburtstage all ihrer Mitarbeiter notiert und besorgt immer ein persönliches Geschenk.

Ungeachtet der Tatsache, dass die Auslieferung die größte Abteilung in unserem Unternehmen ist, benötigt sie kaum Arbeitsplätze im Gebäude. Die Monteure sind nämlich fast nie im Büro. Wenn sie hierherkommen, dann nur um Küchen und Materialien abzuholen und in ihren Lieferwagen zu laden. Danach sind sie schnell wieder weg, auf dem Weg zum Kunden.

Vor einiger Zeit hatte Wilma ihren Arbeitsplatz ins Erdgeschoss verlegt, in die Werkstatt, direkt in Theos Nähe. So konnte sie ihre Mitarbeiter ohne großen Aufwand treffen, wenn sie hereinkamen, um Material aufzuladen. Doch das war nicht von Erfolg gekrönt. Wilma und Theo sind einfach zu gegensätzlich. Schnell kabbelten sie sich wegen jeder Kleinigkeit und so zog Wilma wieder zurück in den dritten Stock.

Nach einem kurzen Gespräch mit Wilma über den Stand der Dinge und die viele Arbeit in der Abteilung gehe ich über die Treppe hinunter in die zweite Etage. Am Fuße der Treppe spreche ich kurz mit meinen beiden Kollegen aus der Finanz- und Personalabteilung.

Dann gehe ich weiter, um nachzusehen, ob Paul, unser Leiter der Abteilung Verkauf & Planung, im Büro ist. Er ist der Vorgesetzte aller Verkäufer, die in den Showrooms arbeiten. Paul ist ein aalglatter Kerl, ein regelrechter Prototyp eines Verkäufers. Immer in Schlips und Kragen, mit Gel im Haar, einem breiten Lächeln und schneeweißen Zähnen. Und er ist stolz auf seine etwas zu große Armbanduhr und den leicht protzigen BMW. Ich weiß, dass einige Kollegen ihn hinter seinem Rücken »den Aal« nennen. Doch offenbar haben sie Respekt vor Paul, denn sie wagen es nicht, ihn so zu nennen, wenn er dabei ist.

Paul ist heute früh nicht da. Ich treffe nur seine Mitarbeiter an, die für die Planung zuständig sind. Sie sind dafür verantwortlich, dass aus Bestellungen Arbeitsaufträge für die Produktion werden. Sie stellen sicher, dass alle Materialien termingerecht geliefert werden und der Produktionsprozess reibungslos verläuft. Auch die Auslieferung der Küchen wird von ihnen geplant. Dazu nehmen sie regelmäßig Kontakt zu den Kunden auf. Das sorgt ab und an für Verwirrung mit dem Kundenservice darüber, wer denn nun für den Kundenkontakt verantwortlich ist.

Dass Paul nicht im Büro sitzt, ist für mich eigentlich logisch. Seine Hauptaufgabe besteht schließlich darin, für einen florierenden Verkauf zu sorgen, und das passiert nun mal in den Showrooms. Wenn ich ihn mal zwei Tage hintereinander im Büro antreffe, stichele ich ein bisschen, dass er wohl ganz offensichtlich sein Monatsziel schon erreicht hat. Er kommt damit klar. Wir albern sowieso miteinander herum. Er spricht Klartext und ist schlagfertig, was für einen Verkäufer wichtige Qualitäten sind.

Paul ist der Meinung, dass Kunden uns so schnell wie möglich so viel Geld wie möglich bringen sollten. Er findet es nicht problematisch, Kunden für eine Unterschrift unter Druck zu setzen. Das führt leider nicht immer zu bester Kundenzufriedenheit. Eine Küche zu kaufen ist schließlich etwas anderes als ein Einkauf im Supermarkt. Es geht um eine beachtliche Investition und an einer Küche möchte man lange Freude haben. Deshalb ist das nichts, worüber man schnell entscheidet. Auf der anderen Seite weiß man natürlich nie, wann Kunden zurückkommen, wenn sie ohne Bestellung den Showroom verlassen – *wenn* sie überhaupt zurückkommen. Deshalb versuchen wir, wenn sich der Kunde im Showroom befindet, ihn – mit einem Extrarabatt oder mit kostenlosen Küchengeräten – zu einer schnellen Entscheidung zu bewegen.

Ich weiß, dass Paul im Augenblick an einer ganz besonderen Sache dran ist. Er darf nicht zu viel darüber reden, denn er musste eine mehrseitige Geheimhaltungsvereinbarung mit beachtlichen Bußgeldklauseln unterschreiben. Es geht dabei nämlich um den möglichen Auftrag eines bekannten Hamburger Sterne- und Promi-TV-Kochs. Henk hat den Tipp von einem Golffreund bekommen und an Paul weitergegeben. Spannend! Es wäre wirklich stark, wenn Paul diesen besonderen Auftrag an Land ziehen würde.

Neben Pauls Büro befindet sich mein geräumiges Arbeitszimmer. Darin stehen ein großer Schreibtisch und ein Konferenztisch mit Stühlen. Von meinem Fenster aus schaue ich auf etliche weitere Gebäude im Industriegebiet – das ist nicht allzu inspirierend. Zur Kompensation habe ich ein großes Foto der New Yorker Skyline aufhängen lassen. Dort würde ich wirklich gern irgendwann mal wohnen.

»Kitchen Slow«

Das Telefon auf meinem Schreibtisch klingelt. Ich erkenne die Nummer. Es ist Henk, unser Firmengründer, Großaktionär und stiller Teilhaber. Naja, zumindest offiziell. Es fällt ihm schon sehr schwer, loszulassen. Er ruft mich mehrmals in der Woche an und ich weiß, dass er auch mit einigen anderen Kollegen regelmäßig Kontakt hat. Zum Glück hält er sich viel im Ausland auf, sodass wir meistens nur miteinander telefonieren.

Ich nehme ab und Henk legt sofort los: »He Ronnie, hör zu. Einer meiner Freunde sprach mich letzte Woche im Golfclub an. Er sagte mir, dass er vor ein paar Monaten bei uns eine Küche für sein neues Zuhause gekauft hat. Weil er mich kennt, dachte er, dass ich als Lieferant die erste Wahl sein sollte. Das war sehr nett von ihm. Doch dann erzählte er mir eine schreckliche Story darüber, was er als unser Kunde so alles mitgemacht hat.«

Puh, das klingt nicht gut. Ich spitze die Ohren und Henk spricht weiter: »Zuerst waren er und seine Frau sehr beeindruckt von unserem Service. Als sie den Showroom betraten, wurden ihnen Apfelkuchen, Suppe und Schnittchen angeboten. Doch dann begann das Trauerspiel. Eine Küche zusammenzustellen, war gar nicht so einfach: Es gab unendlich viele Möglichkeiten und Optionen. Er gab auch zu verstehen, dass er gern eine Nacht darüber schlafen wolle, doch damit gaben sich die Verkäufer nicht zufrieden. Man hat sie unter Druck gesetzt: Wenn sie heute noch unterschreiben, würden sie dreißig Prozent Rabatt erhalten und die Küchengeräte gratis bekommen. Aber wirklich nur heute! Deshalb beschlossen sie, die Küche hier und jetzt doch weiter zu planen. Sie waren heilfroh, als sie endlich alle Entscheidungen getroffen hatten und die Bestellung fertig war. Sie wollten nur noch unterschreiben und dann nichts wie weg. Und erst da sagte man ihnen, dass die Lieferzeit für die Küche mehr als drei Monate beträgt. *Three fucking months!* Damit hatten sie nicht gerechnet. Kurze Zeit später war die Schlüsselübergabe für ihr neues Haus und sie wollten da so schnell wie möglich einziehen.«

Henk erzählt mir damit eigentlich nichts Neues. Ich weiß, dass es oft so läuft. Aber wenn ich das so höre, muss ich zugeben, dass es sehr unangenehm für den Kunden ist. Doch ehe ich reagieren kann, spricht Henk weiter: »Und das ist noch nicht alles, Ronnie. Nach drei Monaten Wartezeit kamen sie, um die Küche einzubauen. Abends stand die Küche, aber nichts funktionierte: Wasser und elektrische Geräte waren überhaupt nicht angeschlossen! Und unser Monteur erklärte seelenruhig, dass seine Arbeit damit erledigt sei. Der Verkäufer hatte offensichtlich vergessen, den Anschlussservice mit in den Vertrag aufzunehmen. Nach einem Telefonat mit der Planungsabteilung stellte sich heraus, dass erst in zwei Wochen ein Termin frei war, um die Arbeiten abzuschließen. Schrecklich, oder? Am Ende sind sie dadurch erst viel später als geplant in ihr neues Heim umgezogen. Und seitdem verspottet er mich die ganze Zeit mit *Kitchen Slow* anstelle von *Kitchen Quick*. Das ist doch alles völliger Quatsch. Wie lange dauert es, eine Küche zu liefern? Drei Tage?! Und sie mussten mehr als drei Monate warten?! Das muss doch auch deutlich schneller gehen, Ronnie?«

Ich fühle mich angegriffen und gehe deshalb sofort in die Verteidigung über: »Hör zu, Henk, die Auslieferung dauert wirklich nur ein paar Tage. Aber es ist viel mehr zu tun als nur das. Der ganze Kram muss vermessen und die Küche muss produziert werden. Wir müssen alle Geräte bestellen, womit oft noch eine Lieferzeit verbunden ist. Zudem ist dein Freund nicht unser einziger Kunde. Wir verkaufen eine Menge Küchen, deshalb muss auch er warten, bis er an der Reihe ist.«

»Was für ein *bullshit*«, reagiert Henk heftig. »Warum kann das nicht schneller gehen? Das ist schlechte Werbung!« Ich überlege, ob ich Henk an die Zeit erinnern soll, als er selbst Geschäftsführer war. Damals war die Lieferzeit nicht viel besser. Im Gegenteil, damals war sie noch viel ungewisser. Manchmal klappte es in sechs Wochen, aber es gab auch Perioden mit einer Lieferzeit von fast einem halben Jahr. Aber gut, diese Diskussion habe ich schon öfter mit ihm geführt und doch nie gewonnen. Er weiß immer gute Gründe, warum es damals anders war und jetzt funktionieren sollte. Ich akzeptiere das, höre mir seine Geschichte an und lasse sie an mir abprallen. Schließlich sind die Zahlen des Unternehmens super. Ab und zu ein paar Schläge zu kassieren, gehört nun mal zu meinem Job dazu.

Der Rest des Tages ist, wie die meisten Tage, ein einziger Meeting-Marathon. Außer während meiner Morgenrunde spreche ich so gut wie nie spontan mit meinen eigenen Leuten. Nach all den Meetings brauche ich dann mindestens noch rund zwei Stunden, um meine E-Mails abzuarbeiten: Jeden Tag sind das bestimmt zweihundert. Manchmal beschleicht mich das Gefühl, dass ich damit nie fertig werde, und ich frage mich, ob das nicht auch anders geht.

Am Nachmittag treffe ich einen potenziellen neuen Lieferanten, einen neuen Spieler im Markt, der auf Küchenplatten aus Kunststoff spezialisiert ist. Das Gespräch mit dem Vertreter ist angenehm und ich versichere ihm, dass wir bestimmt miteinander ins Geschäft kommen werden. Er lädt mich ein, demnächst mit seinem Geschäftsführer essen zu gehen. Das Angebot nehme ich gern an: Ich liebe gutes Essen.

Am Abend habe ich einen geschäftlichen Termin in einem schicken Laden. Bei meinem vorigen Arbeitgeber, der Supermarktkette, arbeiteten wir viel mit Beratungsunternehmen zusammen. Und obwohl ich nicht mehr dort beschäftigt bin, halten sie gern den Kontakt aufrecht. Ich erhalte regelmäßig Einladungen zu Vorträgen oder Round Tables. Heute Abend bin ich zu einem Geschäftsessen eingeladen. Ich finde es großartig, mich hin und wieder mit Geschäftsführerkollegen austauschen zu können.

Als ich um 22:30 Uhr nach Hause komme, liegt Yvonne schlafend auf dem Sofa. Ihr Buch hält sie noch immer fest in der Hand: »Die Kraft der Selbstorganisation« steht auf dem Umschlag. Vielleicht sollte ich dieses Buch auch einmal lesen, wenn sie damit durch ist. Vorsichtig nehme ich ihr das Buch aus der Hand und klappe es zu. Dann decke ich sie zu, schalte das Licht aus und gehe leise die Treppe zu unserem Schlafzimmer hinauf. Am nächsten Morgen liegt sie wie immer neben mir im Bett. Ich hab sie nicht hochkommen hören.

So gehen die Tage und Wochen vorbei, ein Tag fast wie der andere. Alles ist ruhig und unter Kontrolle.

Ich hatte nicht die leiseste Ahnung, dass das die sprichwörtliche Ruhe vor dem Sturm war.

Ein Toast

Vier Wochen später – Freitagabend, 20:00 Uhr

Ich steige auf einen Stuhl, mache auf mich aufmerksam und rufe: »Alle mal herhören! Darf ich kurz um eure Aufmerksamkeit bitten?« Der Raum ist gerammelt voll. Meine Leute – unsere Leute. Alles hart arbeitende Fachkräfte. Sie sind laut und ausgelassen. Nach ein paar weiteren Aufforderungen wird es endlich still. Alle schauen mich an. Ich sage: »Ich möchte einen Toast aussprechen.«

Die ganze Woche über hatte uns eine enorm harte Deadline schwer zu schaffen gemacht. Ich dachte die ganze Zeit: Wird es uns wirklich gelingen, die Arbeit pünktlich fertig zu kriegen? Ich habe meine Leute ordentlich angetrieben und dafür gesorgt, dass sie Tag und Nacht und das Wochenende durcharbeiten. Das lief nicht ohne Widerstände ab und ich musste mich bei dem einen oder anderen durchsetzen. Vielleicht habe ich manchmal zu viel Macht ausgeübt. Aber auch ich stand mit dem Rücken zur Wand.

Mehrmals am Tag rief Henk an und wollte ein Update. Meistens konnte ich ihm nicht sagen, ob wir es schaffen werden. Es blieb sehr lange spannend und fast bis zum Ende sah es so aus, als ob wir es nicht hinbekommen. Doch heute früh konnte ich zum ersten Mal vermelden, dass wir es wahrscheinlich gerade so schaffen würden. Und so war es dann auch. Schlag 18:00 Uhr waren wir fertig und ich konnte Henk mit dem erlösenden Anruf überraschen. Wir haben es geschafft! Er war erleichtert und sagte: »Lass es heute Abend gemeinsam mit allen, die geholfen haben, mal so richtig krachen. Geld spielt keine Rolle. Ich bezahle!« Obwohl ich normalerweise nicht gern mit Geld um mich werfe, brauchte er das Letzte nicht zweimal zu sagen. Wir hatten allen Grund zu feiern. Ich habe sofort in einem Top-Restaurant in der Gegend angerufen und einen Raum reserviert für ein opulentes Abendessen mit allen, die mitgeholfen hatten. Auch mein gesamtes Führungsteam habe ich dazu eingeladen. Dieser Erfolg macht eine Menge wieder gut.

»Ich bin ungeheuer stolz darauf, wie hart ihr alle gearbeitet habt«, fuhr ich mit meiner Rede fort. »Es ist kaum zwei Wochen her, dass Henk mich anrief und sagte: ›Ronald, die Tochter eines Hamburger Sterne- und Promi-TV-Kochs zieht in eine neue Wohnung. Also – sie wird ihr Penthouse in der Hafencity beziehen. Und wir haben gute Chancen, dass wir die Küche liefern dürfen!‹ Cool, oder? Solche Aufträge sind doch die Rosinen im Kuchen. Wie oft bekommt man schon die Möglichkeit, einem Sternekoch eine Küche zu liefern? Aber, ihr wisst ja selbst, wie das bei Henk so ist: Für ihn ist oft eine Chance schon ein Auftrag. Deshalb will ich mich an dieser Stelle ganz besonders bei unserem ›Aal‹ bedanken, der diesen Auftrag tatsächlich an Land gezogen hat. Paul: vielen Dank dafür! Obwohl, als du mir danach gesagt hast, dass wir innerhalb von zwei Wochen liefern müssen, dachte ich, du bist verrückt geworden. Zwei Wochen! Was für ein Irrsinn! Aber ja, Paul hatte den Vertrag schon unterschrieben, also konnten wir nicht mehr zurück. Es schien eine unmögliche Aufgabe zu sein, aber wir haben es geschafft! Und das haben wir euch zu verdanken. Euch allen. Doch wir wollen nicht nur auf uns selbst anstoßen, sondern auch auf all die anderen Kollegen im Werk und im Büro. Jeder dieser Kollegen hat zusätzliche Aufgaben bei anderen Kunden übernommen. Nicht alle sind heute Abend hier, aber ohne sie hätten wir es nie geschafft. Deshalb nochmals herzlichen Dank an euch alle. Die Tochter des Promi-TV-Kochs kocht jetzt in einer *Kitchen-Quick*-Küche, ist das nicht eine schöne Vorstellung?«

Von hinten aus dem Saal ist die vorwitzige Stimme von Laura zu hören: «Nee, oder? Denkst du wirklich, dass die zu Hause kochen wird? Die geht doch sicher lieber zu Papa essen!« Schallendes Gelächter im ganzen Raum. Ich hebe mein Glas und sage: »Prost, auf euch alle, und lasst euch das Essen schmecken!« Die Gläser klingen. Ich steige vom Stuhl und nehme an dem Tisch Platz, der für das Führungsteam reserviert ist.

Laura, die Leiterin des Kundenservice, sitzt links neben mir. Sie dreht sich zu mir um, schaut mich durch ihre kleine schwarze Brille durchdringend an und sagt: »He Ronald, alles schön und gut, aber bist du dir auch darüber im Klaren, dass bei uns durch all die verärgerten Kunden die Telefone heiß laufen. Wir haben zwar diesen einen prominenten Kunden überglücklich gemacht, aber die Lieferungen an einen Großteil anderer Kunden haben sich dadurch um mindestens zwei Wochen nach hinten verschoben.«

Paul, unser Leiter der Abteilung Verkauf & Planung, reagiert, ehe ich das tun kann. Er sagt: »Scheiß auf die anderen Kunden, Laura! Weißt du, wie viel Geld wir hier dran verdient haben? Und denk nur an den Beifang: Ich kann nun überall erzählen, dass wir Sterneküchenlieferant sind. Das wird sich auszahlen!«

Laura erwidert verärgert: »Das sind auch deine Kunden, Paul! Aber ja, du hast gut reden. Du must ja nur das Geschäft abschließen und dann wirfst du es über den Zaun auf den Rest der Firma. Dann können wir uns weiter damit herumschlagen, während du unterdessen deinen Bonus einstreichst.«

Ich hatte inzwischen kurz Zeit nachzudenken und sage: »Du hast Recht, Laura, und wir werden das alles vernünftig klären. Aber lass uns die Stimmung heute Abend nicht verderben. Das ist wirklich eine Ausnahmesituation. Nenn es von mir aus höhere Gewalt. Wenn's nach mir geht, haben wir so etwas zum ersten und letzten Mal gemacht. Und wir haben es geschafft. Komm, schenk noch mal nach!«

Nach meinem dritten Glas Champagner beschließe ich, dass ich nicht mehr nach Hause fahren kann. Ich simse Yvonne, dass ich mir ein Hotelzimmer nehme. Sie antwortet sofort und schreibt, dass sie schon damit gerechnet hat.

Wir sitzen noch lange gemütlich beisammen. Um halb zwei falle ich in mein Hotelbett. In dieser Nacht schlafe ich wie ein Murmeltier.

»Formel Kitchen«

Mitte Mai – Sonntagnachmittag 13:00 Uhr

Die Zeit nach dem Sterneküchenprojekt vergeht wie im Flug. Noch immer voller positiver Energie holen wir den Rückstand schnell auf. Nun läuft alles wieder halbwegs normal: Die übliche Hektik bestimmt den Tagesablauf und ehe man sich versieht, ist schon wieder eine Woche vergangen.

Der Sonntagnachmittag gehört ganz allein mir: einfach nur ein bisschen fernsehen und über die vergangene Woche sinnieren. Meistens läuft Sport – Radrennen, Eisschnelllauf, Autorennen. Es kommt nicht so darauf an. Hauptsache es bewegt sich und man muss nicht zu viel dabei nachdenken. Ich lege mich aufs Sofa und schiebe mir ein Kissen unter den Kopf. Yvonne schmunzelt und fragt: »Na, bereit für dein Sonntagnachmittags-Nickerchen?« Sie hat Recht. Oft schlafe ich beim Fernsehen ein. Vor allem bei der Formel 1. Der Start ist jedes Mal spektakulär und die Boxenstopps natürlich auch. Aber wenn das Rennen nicht allzu spannend ist, dann mache ich tatsächlich meistens für eine Weile die Augen zu. Warum auch nicht?

An diesem Wochenende findet die Formel 1 in Spanien statt. Yvonne setzt sich zu mir aufs Sofa. »Ich verstehe wirklich nicht, was du daran so spannend findest«, bemerkt sie. »Autorennen sind echt langweilig! Da fahren sie Hunderte Kilometer und am Ende sind sie immer noch an derselben Stelle. Unterwegs passiert meist nicht viel, aber sie blasen bestimmt Tonnen von CO_2 in die Atmosphäre. Und obendrein sind es immer dieselben, die am Ende auf dem Treppchen stehen.«

»Ach was, wenn du häufiger zuschaust, wird es von selbst interessanter«, sage ich. »Wir schauen uns doch manchmal auch Serien im Fernsehen an? Da passiert auch in vielen Folgen wenig, aber weil man die Charaktere und Intrigen kennt, ist es doch spannend zuzuschauen. Eigentlich ist es bei der Formel 1 genau so. Jedes Rennen ist wieder eine neue Folge. Aber gut, ich will dann jetzt zuschauen. Die Vorschau beginnt!« Yvonne zuckt mit den Schultern, nimmt sich ein Lehrbuch und beginnt, darin zu blättern.

Im Fernsehstudio wird energisch diskutiert. Es ist schon faszinierend, was diese Jungs alles über Autorennen wissen und wie viele Details dabei eine Rolle spielen. Zum Glück ist das Gespräch nicht zu ernst und es gibt auch viel Gelächter im Studio. Am besten finde ich es, wenn live auf die Rennstrecke geschaltet wird. Auch dieses Mal gibt es wieder genug zu vermelden. Direkt aus Spanien erzählt der Kommentator, welche Verbesserungen die Teams seit dem letzten Rennen vorgenommen haben. Meist sind es nur kleine Dinge, die sich aber im Laufe der Saison aufsummieren. Und trotz der enormen Geschwindigkeit dieser Autos sind doch Hundertstelsekunden entscheidend. Das ist eigentlich bizarr, wenn man genau darüber nachdenkt.

Die Zeit für den Start ist fast gekommen. Noch ein Reklameblock und dann geht es los. Ich gehe in die Küche, um mir eine Flasche Bier zu holen. Als ich zurück ins Zimmer komme, höre ich den Jingle unserer eigenen Fernsehwerbung. »Klasse, dass wir nun auch rund um die Formel 1 Werbung machen!«, rufe ich begeistert. Ich lasse mich aufs Sofa fallen und schaue zu.

Es fällt sofort auf, dass es ein völlig anderer Werbespot ist als unsere üblichen. Yvonne fragt: »Hey, habt ihr eure Werbung anpassen lassen?« Ich bin völlig verblüfft, denn ich weiß von nichts. Ich greife nach der Fernbedienung und stelle den Ton lauter. Henk spielt wie immer die Hauptrolle in dem Spot. Nur dieses Mal trägt er einen Rennoverall. Zwar mit dem üblichen Cowboyhut auf dem Kopf, doch ohne die knapp bekleideten Models an seiner Seite.

Ich höre Henk sagen: »Der neue Standard: *Formel Kitchen.* Heute unterschreiben, innerhalb von zwei Wochen geliefert. Schaffen wir das nicht, bekommen Sie die Küche gratis. Lieferung innerhalb dieser Frist oder Sie zahlen keinen Cent.« Dann steigt er in einen Rennwagen und fährt mit röhrendem Motor aus dem Bild. Auf dem Bildschirm bleibt sekundenlang stehen: »Formel Kitchen: Küchen liefern wie ein Boxenstopp!«, während eine Stimme aus dem Off noch einmal wiederholt, dass die Kunden nicht bezahlen müssen, wenn wir für die Lieferung länger als zwei Wochen brauchen.

Habe ich richtig gehört? Eine Küche produzieren und liefern innerhalb von zwei Wochen? Und wenn es nicht klappt, bekommen die Kunden ihr Geld zurück!? Das muss ich erst mal kurz verarbeiten. Wie kann er so etwas tun? Das ist unmöglich! Ich sage zu Yvonne: »Jetzt ist er wirklich verrückt geworden. Das kann doch nicht wahr sein!« Ohne ihre Reaktion abzuwarten, greife ich nach meinem Telefon, um Henk anzurufen. Ich erreiche nur seinen Anrufbeantworter. Mit seinem amerikanischen Akzent erklingt enthusiastisch: »Heeeeeey, hier ist Henk Sneller, hinterlassen Sie eine Nachricht nach dem Signalton!« Ich sage: »Henk, was soll das? Warum platzierst du einen solchen Spot? Das geht doch überhaupt nicht. Das ist unmöglich! Und nichts bezahlen, wenn wir es nicht schaffen? Wie kommst du denn auf diese Idee? Ruf mich bitte zurück!«

Dann tigere ich im Zimmer auf und ab. In meinem Kopf überschlagen sich die Gedanken. Ich denke laut vor mich hin: »Wie kommt er nur darauf? Ja, wir haben es geschafft, innerhalb von zwei Wochen diesem Promi-TV-Koch eine Küche zu liefern. Aber das war eine Ausnahme. Dafür mussten wir alles andere beiseite schieben. Und nun will er, dass wir an alle Kunden so liefern? Unmöglich! Und dazu noch die Garantie, dass sie nichts bezahlen müssen, wenn wir es nicht pünktlich schaffen? Wie kommt er nur darauf? Der Kerl ist komplett verrückt geworden!«

Frustriert sage ich: »Yvonne, wie soll ich das verdammt noch mal wieder auf die Reihe kriegen? Es wäre besser, wenn Henk nun wirklich mal in Rente gehen würde. Er hat nie einen Zweifel daran gelassen, dass er das Unternehmen schneller machen will, aber das kann man doch nicht auf solche Weise erzwingen. Das macht man doch nicht!«

Yvonne versucht, mich zu beruhigen: »Nun mal langsam, Ronald. Es kommt schon alles wieder in Ordnung. Reg dich nicht so auf. Es ist doch sein Unternehmen. Er geht das Risiko ein. Und es ist sein Geld. Du sagst doch selbst immer, dass der Betrieb seine Rente ist. Lass ihn doch machen. Wenn er sein Vermögen auf diese Weise verschleudern will, dann ist das seine Entscheidung!«

Nach ein paar Sekunden Stille fügt sie hinzu: »Sieh es doch mal positiv! Wenn sein Unternehmen hieran zugrunde geht, dann sind wir auch die nervigen Werbespots los!« Ich erwidere: »Das Unternehmen daran zugrunde gehen lassen? Das lasse ich nicht zu. Ich mag gar nicht daran denken, dass dann all meine Kollegen und ihre Familien am Ende die Gelackmeierten sind!«

Frustriert laufe ich aus dem Zimmer. Das ganze Rennen im Fernsehen interessiert mich nicht mehr. Ich muss an die frische Luft. »Ich nehme das Rad und fahre eine Runde durch den Wald«, sage ich zu Yvonne. Sie erwidert ruhig: »Alles klar, Schatz. Versuch mal, den Kopf wieder frei zu bekommen.«

Ich hole mein Fahrrad aus dem Schuppen und rase los. Ich glaube, ich habe noch nie so schnell in die Pedale getreten. Gleichzeitig gehen mir zig Szenarien durch den Kopf, sodass ich meine Beine kaum spüre.

Das Interview

Am selben Sonntagnachmittag, 16:25 Uhr

Als ich zwei Stunden später zurück bin, ist die größte Wut verflogen. Yvonne hat eigentlich Recht: Es ist sein Unternehmen, also worüber mache ich mir Sorgen? Sein Risiko ist viel größer als meins. Und außerdem: In allen anderen Werbespots hat er ja auch schon schnellere Lieferzeiten versprochen, als wir realisieren können. Genau genommen bleibt alles beim Alten.

Als ich aus der Dusche komme, klingelt mein Handy. Ich sehe eine mir unbekannte Nummer auf dem Display und nehme ab. Auf der anderen Seite höre ich eine lebhafte, fröhliche Frauenstimme: »Hey, hallo Ronald. Hier ist Shirley von ›Talk am Abend‹ im Zweiten Programm. Sie sind doch der Geschäftsführer von *Kitchen Quick*?«

Zögernd antworte ich: »Ja, das stimmt. Was kann ich für Sie tun?« Shirley erwidert sofort: »Nun, wir bringen Sonntagabend immer einen Beitrag über Unternehmer und uns interessiert die Geschichte hinter Ihrer Aktion, Küchen innerhalb von zwei Wochen zu liefern. Und dann natürlich auch die außergewöhnliche Regelung, dass man nicht bezahlen muss, wenn es länger dauert. Unser Chefredakteur hat heute Nachmittag die Formel 1 angeschaut und sah Ihren neuen Werbespot. Den Kitchen-Cowboy Henk können wir nicht erreichen, deshalb rufe ich bei Ihnen an. Würden Sie heute Abend in die Sendung kommen?«

Das kann ich eigentlich gerade überhaupt nicht gebrauchen. Schließlich begreife ich diese blöde Idee ja selbst nicht. Ganz zu schweigen davon, dass ich sie im Fernsehen erklären kann. Plötzlich überkommt mich der Gedanke, dass ich der ganzen Sache vielleicht noch eine Wendung geben kann, wenn ich ins Studio gehe. Ich kann sagen, dass das nur für Standardküchen gilt, die wir ab Lager liefern können. Oder vielleicht kann ich sogar erklären, dass es sich nur um eine zeitlich begrenzte Aktion handelt, nur für die ersten zwanzig Kunden oder so. »Okay, ich komme!«, höre ich mich zu meiner eigenen Verblüffung sagen. »Perfekt«, antwortet Shirley. »Dann sehen wir uns heute Abend kurz vor 19:00 Uhr im Studio in Hamburg. Ich schicke Ihnen sofort die Adresse.«

Ich frage mich, ob das wirklich ein geschickter Schachzug von mir war, oder ob ich mir vielleicht gerade noch mehr Schwierigkeiten eingehandelt habe. Ich gehe in mein Arbeitszimmer und versuche, die Sache logisch zu überdenken und mich vorzubereiten. Was sollte ich sagen und was nicht? Wie werden wir damit im Unternehmen umgehen? Das Vernünftigste wäre sicherlich zu erklären, dass es stimmt, aber nur für diesen Monat gilt und natürlich nur für Standardküchen. Das schaffen wir wahrscheinlich auch nicht, aber damit bleiben die möglichen Ansprüche von Kunden überschaubar. Darüber hinaus könnten wir bestimmt noch ein bisschen Kleingedrucktes hinzufügen, wodurch wir am Ende dann doch nichts zurückzahlen müssen. Ich versuche einige Male, Henk zu erreichen, aber es meldet sich immer nur sein Anrufbeantworter. Yvonne bringt mir etwas zu essen. Ihr Blick ist voller Mitgefühl.

Ich breche rechtzeitig von zu Hause auf. Als ich ungefähr eine halbe Stunde gefahren bin, klingelt mein Handy. Es ist Shirley von der Talkshow. »Hallo Ronald … Oh, wie ich höre, sitzen Sie schon im Auto. Entschuldigen Sie bitte, dass ich in letzter Minute anrufe, um Ihnen für heute Abend abzusagen. Es ist uns doch noch gelungen, Henk zu erreichen. Deshalb haben wir entschieden, mit ihm in die Sendung zu gehen. Er ist schon hier. Danke für Ihre Bemühungen. Ich hoffe, dass ich Sie jetzt nicht verärgert habe.« Noch ehe ich etwas erwidern kann, legt sie auf.

Verdammt noch mal, was soll das denn jetzt! An der nächsten Ausfahrt verlasse ich die Autobahn und fahre zurück. Wieder zu Hause, sitzt Yvonne schon vor dem Fernseher auf dem Sofa, um sich meinen Auftritt im Fernsehstudio anzusehen. Sie ist völlig überrascht, dass ich schon wieder zurück bin. Ich erkläre ihr, dass Henk selbst im Studio ist. »Oh Mann, das ist ja hundsgemein! Aber gut, kann man nicht ändern. Komm, setz dich her zu mir. Es geht los.« Die Erkennungsmelodie der Sendung tönt aus dem Fernseher.

Die Kamera zoomt auf einen Tisch, hinter dem ich Henk stehen sehe, in einem Rennoverall. Und natürlich mit seinem Cowboyhut auf dem Kopf. Der Moderator sagt: »Heute ist Henk Sneller bei uns in der Sendung, Unternehmer und Gründer von *Kitchen Quick*. Henk, herzlich willkommen!« Henk antwortet freudig und mit einem herzlichen Lächeln: »Danke. Es ist mir eine Freude, heute hier sein zu dürfen.«

Der Moderator fährt fort: »Schön. Aber wir wollen Ihnen doch mal richtig auf den Zahn fühlen. Ihr Unternehmen verfolgt seit Kurzem die Maxime, dass Küchen innerhalb von zwei Wochen geliefert und montiert werden, ansonsten gibt es das Geld zurück. Das ist einmalig im Markt und Ihren Mitbewerbern, laut Ihrer eigenen Aussage, sogar unmöglich. Geht das wirklich? Oder ist das einer dieser faulen Verkaufstricks, wie wir sie von Küchenverkäufern kennen?«

Henk geht auf die höhnische Bemerkung gar nicht ein, sondern erzählt voller Stolz: »Nein, überhaupt nicht. Eigentlich ist es sehr einfach. Wir haben vor nicht allzu langer Zeit einem Hamburger Sterne- und Promi-TV-Koch eine Küche geliefert. Und das superschnell, nämlich innerhalb von zwei Wochen. Es geht also! Daher unsere neue Maxime. Was für einen Prominenten möglich ist, muss auch für all unsere anderen Kunden gelingen. Jeder Kunde verdient diese Promi-Behandlung! Denn – tief drinnen steckt doch in jedem ein Sternekoch, oder?« Und mit einem strahlenden Lächeln schaut er in die Kamera.

Völlig verdattert höre ich, was Henk sonst noch zu sagen hat. Er bestätigt, dass es wirklich ernst gemeint ist: Lieferung innerhalb von vierzehn Tagen, ansonsten nichts bezahlen. Das gilt für alle Küchen. Als der Moderator noch etwas genauer nachhakt und unterstellt, dass es sich doch sicher um eine zeitlich begrenzte Marketingaktion handelt, reagiert Henk äußerst resolut: »Nein, das ist keine begrenzte Aktion. Das machen wir. Definitiv und für immer. Und es gibt dabei kein Kleingedrucktes!«

Mir wird bewusst, dass wir aus dieser Nummer nicht mehr rauskommen werden. Das ist eine ernst zu nehmende Herausforderung. Wir werden uns ihr stellen müssen.

Ich schicke noch schnell zwei Nachrichten an mein gesamtes Führungsteam. Die erste lautet: »Heute Abend Fernsehen gesehen? Henk war in ›Talk am Abend‹. Ihr werdet euren Augen und Ohren nicht trauen. Unbedingt anschauen! Henk war gleich am Anfang dran …«

Ich simse sofort hinterher: »Morgen früh außerordentliches Meeting!! 10:00 Uhr, großer Besprechungsraum. Bitte Termin möglich machen.«

In dieser Nacht wälze ich mich noch lange im Bett herum, ehe ich endlich einschlafe. Die ganze Zeit geistert mir eine einzige Frage durch den Kopf: Wie kriege ich das nur auf die Reihe?

Teil II
Qualifikation

Besprechung

Montagmorgen, mittlere Lieferzeit zwölf Wochen

Am nächsten Tag mache ich mich früh ins Büro auf. Trotz der unruhigen Nacht fühle ich mich energiegeladen. Auf die eine oder andere Weise löst diese Herausforderung doch etwas in mir aus. Als ich um 6:15 Uhr auf den Parkplatz fahre, bin ich nicht der Erste. Die Autos von Laura und Paul (»der Aal«) stehen auch schon da. Ich vermute, dass sie bereits eifrig dabei sind, alle Optionen durchzurechnen. Paul geht sicher die Planung durch, und wie ich Laura kenne, passt sie gerade die Anrufskripte an und stellt Zahlen aus Kundensicht zusammen.

Kaum angekommen, hole ich mir an der Kaffeemaschine zuerst einen doppelten Espresso. Schon beim ersten Schluck habe ich das Gefühl, dass das Koffein direkt ins Blut geht. Herrlich! Ich gehe in mein Büro und ziehe die Tür hinter mir zu. Ich will mich gut auf das kommende Meeting vorbereiten, denn ich möchte erreichen, dass wir dieses Problem wirklich als Team anpacken.

Punkt 10:00 Uhr betrete ich den großen Besprechungsraum. Die meisten Besprechungen können oft erst fünf bis zehn Minuten nach der angegebenen Zeit wirklich beginnen, weil jeder später eintrudelt. Heute bin ich freudig überrascht, dass mein gesamtes Führungsteam pünktlich ist.

Die Stimmung ist angespannt. Lauras Gesicht verheißt nichts Gutes und Wilma, verantwortlich für die Abteilung Auslieferung, sitzt mit vor der Brust verschränkten Armen da. Wilma hat eine pedantische Ader: Küchen müssen einwandfrei und mit der Wasserwaage ausgerichtet übergeben werden. »Qualität kostet Zeit«, sagt sie immer. Deshalb macht sie diese neue Situation sicher äußerst nervös, denke ich.

Ich setze mich und beginne: »Schön, dass ihr euch alle Zeit für diese Krisensitzung freimachen konntet.« Laura seufzt tief und schaut mich ärgerlich an. Ich fahre unbeeindruckt fort: »Ich gehe davon aus, dass sich jeder von euch die Fernsehsendung von gestern Abend noch einmal angesehen hat. Ich hatte, genau wie ihr, keine Ahnung von all dem. Es ist mir leider bisher auch nicht gelungen, Henk zu erreichen, aber ich werde ihn sicher noch zur Rede stellen. Das Ganze stinkt mir mindestens genauso sehr wie euch. Allerdings befürchte ich, dass wir da nicht mehr rauskommen. Wir werden wohl oder übel einen Weg finden müssen, um unsere Lieferzeit gehörig zu verkürzen.«

Theo »die Säge« ist der Erste, der etwas sagt: »Ronald, lass dich nicht verrückt machen. Das ist wieder so ein Versuchsballon von Henk. Und natürlich völlig unrealistisch, wie die meisten seiner Ideen. In ein paar Wochen wird er realisieren, dass es nicht machbar ist, und kommt dann wieder davon ab.«

Laura erwidert: »Ich bin mir da nicht so sicher, Theo. Soweit ich weiß, ist es das erste Mal, dass er so eine Idee auch öffentlich kundgetan hat. Im Fernsehen. In einer Werbekampagne. Und auch noch mal in ›Talk am Abend‹! Ich glaube nicht, dass er von dieser Sache so schnell zurückrudern wird. Dabei würde er gewaltig sein Gesicht verlieren.«

»Bleibt mal ganz ruhig«, sagt Theo. »Ich arbeite hier nun schon seit vielen Jahren und es ist immer dasselbe. Es beginnt jedes Mal mit einem Haufen Tamtam und tollen Plänen und verläuft am Ende doch immer wieder im Sande. Also macht euch nicht verrückt. Das zieht von selbst vorüber. Außerdem – so schnell eine Küche liefern, ist das wirklich nötig? Das erwartet doch kein Kunde, oder? Was für ein Quatsch!«

Paul ist absolut nicht seiner Meinung. Er schlägt mit der flachen Hand auf den Tisch: »Aber sicher doch! Die Kunden können es gar nicht erwarten! Wir haben noch nicht mal eine Stunde geöffnet und in allen Showrooms laufen die Telefone heiß, weil Kunden nach Terminen fragen, um eine Küche zu bestellen. Warum seht ihr das alle nur so negativ? Ich finde es Klasse!! Normalerweise ist Mai immer ein schlechter Monat. Aber wenn es so weitergeht, wird das der beste Monat aller Zeiten.« Er fährt lebhaft fort: »Was Henk macht, das ist echtes Unternehmertum. Etwas tun, was alle Mitbewerber für unmöglich halten. Fantastisch! Geht nicht – gibt's nicht. Henk mischt den ganzen Markt auf und wir haben die Chance, aus dem Mittelfeld aufzusteigen. Einen solchen Zustrom an neuen Kunden haben wir noch nie gehabt. Ich habe da richtig Bock drauf!«

Das ist der Moment, wo Laura sich nicht länger zurückhalten kann. »Du hast gut reden, Paul. Alles, was du tun musst, ist die Verträge abzuschließen. Danach interessiert dich die ganze Sache nicht mehr. Aber nur um das klarzustellen: Mit dem Vertrag von dir fängt es erst an. Dann muss der Rest von uns ran. Nur zur Information: Ich bin heute extra zeitig gekommen, weil ich das Unheil schon geahnt habe. Und ja, tatsächlich. Seit 9:00 Uhr glühen auch bei uns im Kundenservice die Telefonleitungen. Aber nicht, um zu bestellen! Nein, wir alle haben Kunden in der Leitung, die seit Wochen auf ihre Küche warten und nun eine kostenlose Küche fordern! Wie jetzt: Das zieht schon vorbei? Theo, komm mal auf ein paar Telefonate in meine Abteilung, dann redest du anders!«

Ich unterbreche die Diskussion: »Bitte bleibt ruhig! Es gibt keinen Grund, deswegen untereinander Streit anzufangen. Wir sind ein Team und wir finden gemeinsam eine Lösung. Im Übrigen denke ich, dass Laura Recht hat. Wir müssen davon ausgehen, dass wir die Sache nicht rückgängig machen können. Auch wenn wir Henk gegenüber geschlossen auftreten, ist die Wahrscheinlichkeit hoch, dass er uns doch überstimmt. Ihr hört von Laura und Paul, dass unsere Kunden die Sache sehr ernst nehmen. Wir sollten das deshalb auch tun. Lasst uns versuchen, das Beste daraus zu machen. Also Schluss mit der Zankerei. Wie machen wir weiter? Habt ihr Ideen, wie wir damit umgehen können?«

Paul klappt seinen Laptop auf und zeigt uns eine Grafik: »Ich habe mir gerade die Planung angesehen und komme zu dem Schluss, dass wir viel mehr Kapazitäten brauchen. Die Lieferzeit für eine Küche liegt derzeit bei rund zwölf Wochen. Ohne zusätzliche Kapazitäten werden wir die nie verkürzen. Ich schlage deshalb vor, dass wir eine Urlaubssperre verhängen und die Mitarbeiter bitten, abends und am Wochenende zu arbeiten. Darüber hinaus empfehle ich, ungefähr zehn zusätzliche Arbeitskräfte über eine Zeitarbeitsfirma einzustellen.«

Theo erwidert: »Ja, das klingt durchaus logisch. Wir können jetzt wirklich jede Hand gebrauchen. Und zusätzliche Arbeitskräfte für meine Abteilung sind sowieso eine gute Idee. Bei uns ist schon seit Längerem Land unter. Und wenn jetzt viele zusätzliche Aufträge reinkommen, ist es erst recht eine gute Idee, die Produktionsabteilung zu vergrößern.« Er wendet sich an Laura: »Der Piek, den ihr gerade im Kundenservice erlebt, ist nur zeitlich begrenzt, das ist dir doch klar, oder? Lass deine Mitarbeiter einfach die paar

Tage lang Überstunden machen. Es ist noch niemand daran gestorben, mal ein Weilchen hart zu arbeiten.«

Laura erwidert heftig: »Ja hallo, wir können doch nicht ständig Überstunden machen. Die Arbeitslast ist so schon sehr hoch. Wenn wir so weitermachen, müssen wir mit stressbedingten Arbeitsausfällen rechnen.« Als ich überdenke, was sie sagt, wird mir klar, dass auch die Mitarbeiter im Kundenservice schon seit Längerem völlig überlastet sind. Da wir systematisch später liefern, als wir versprechen, gehen bei ihnen Unmengen Beschwerden ein und häufig haben sie schwierige Kunden am Telefon.

»Tja«, sagt Paul, »andererseits gibt's hier aber auch ein paar unmotivierte Kollegen, denen ein Tritt in den Hintern nicht schaden würde. Wer so ein bisschen Mehrarbeit nicht verkraftet, ist vielleicht nicht der richtige Mitarbeiter für uns.« Ich bekomme einen Schreck, als Paul das sagt. Haben wir unmotivierte Mitarbeiter? Warum sind unsere Mitarbeiter unmotiviert? Ich mache mir eine Notiz, um später mit Paul noch einmal darüber zu reden.

Laura wird nun richtig wütend. Sie läuft rot an. Doch sie schluckt ihre Widerworte runter und alles was herauskommt, ist ein »Pffff«. Danach sagt sie für den Rest des Meetings kein Wort mehr.

»Jetzt alle mal ruhig bleiben«, greife ich ein. »Ich verstehe, dass euch die Situation frustriert, aber wir müssen einen kühlen Kopf bewahren und zusammenarbeiten. Kurzfristig für mehr Kapazitäten zu sorgen, finde ich eine gute Idee, lasst uns das hiermit beschließen. Aber wir müssen nicht nur härter arbeiten, sondern auch intelligenter. Gibt es noch andere Quick Wins?

»Klar«, sagt Theo. »Wenn mehr Aufträge reinkommen, dann müssen wir jetzt schon mehr Material bestellen. Wir dürfen nicht erst warten, bis alles verbraucht ist, sondern müssen sofort das Lager gut mit Plattenmaterial auffüllen. Ins Leere greifen kostet immer Zeit, denn dann steht die Produktion still. Ich werde nachher sofort mehr Lagerbestände bestellen. Wir haben genug Platz, in dieser Hinsicht gibt es also keine Probleme!« Dann schaut er Wilma an und fragt: »Und du, Wilma? Was denkst du? Du hast noch gar nichts gesagt.«

Das ist ein immer wiederkehrendes Problem in meinem Führungsteam. Theo, unser Produktionsleiter, und Wilma, für die Abteilung Auslieferung verantwortlich, sind Gegenpole. Eigentlich ist das in einem Team wie meinem nicht schlecht, doch Wilma kommt häufig nicht zum Zuge. Theo weiß immer sofort, was zu tun ist, während Wilma bedachter vorgeht und oft etwas mehr Zeit braucht. Wenn Wilma dann mit einem Vorschlag kommt, ist der Rest des Teams meist schon einen Schritt weiter. Das ist schade, denn ihre Ideen sind oft richtig gut; und sie drehen sich eher um solche Dinge, die einem nicht als Erstes einfallen.

Wilma antwortet: »An sich halte ich die Situation für eine Chance, um den Laden gründlich zu verbessern. Allerdings finde ich es wichtig, dass wir dabei die Qualität auf hohem Niveau halten. Was Quick Wins betrifft, habe ich so schnell keine Idee, aber ich glaube, wenn ich meine Mitarbeiter frage, werden die schon mit Vorschlägen kommen. Sie liefern und montieren schließlich die Küchen bei den Kunden. Das ist das, wovon sie am meisten verstehen. Ich denke, wir sollten sie danach fragen, wo sie das Potenzial für Zeiteinsparungen sehen. Vielleicht wäre es besser, mit der ganzen Firma ein Offsite-Meeting durchzuführen, um das Thema gemeinsam gut zu durchdenken. Weshalb sollten wir im Management klüger sein als die Leute, die wirklich die Arbeit machen?«

Theo schüttelt den Kopf: »Was für eine blöde Idee. Davon halte ich gar nichts. Diese Offsite-Meetings bringen überhaupt nichts! Am Ende des Tages geht man voller guter Absichten und mit vagen Maßnahmenplänen auseinander, von denen danach nichts umgesetzt wird. Jede Stunde, die unsere Mitarbeiter da rumsitzen, arbeiten sie nicht. Und letzten Endes wenden sie sich doch wieder an uns, wenn es um Lösungen geht. Nein, wir müssen einfach straffer führen. Ich werde mir meine Mitarbeiter mehr zur Brust nehmen. Wir können uns jetzt keine Fehler mehr erlauben! Jetzt ist endlich Schluss damit, dass jeder macht, was er will. Nicht dummschwatzen, sondern sägen!« Wilma bleibt still und starrt auf den Tisch.

Ich denke über Theos Worte nach. Es ist durchaus eine Option, straffer zu führen, aber unseren Mitarbeitern mehr Druck zu machen, fühlt sich als Lösung nicht gut an. Was wollen wir damit erreichen? Sie arbeiten jetzt schon hart. Wilmas Idee, die Mitarbeiter einzubeziehen, gefällt mir. Natürlich nicht gleich den ganzen Betrieb dichtmachen und irgendwo ein Offsite-Meeting abhalten. Aber es ist schon ein kluger Ansatz, unsere Mitarbeiter um Vorschläge zu bitten.

Wilma hat sich inzwischen wieder gefangen. Sie wendet sich an Theo: »Theo, ich würde mich auf jeden Fall gern zeitnah mit dir zusammensetzen, um zu schauen, ob wir am Prozess zwischen unseren Abteilungen etwas verbessern können. Wir müssen irgendwie die Möglichkeit schaffen, dass wir innerhalb von zwei Wochen liefern können, obwohl wir für die nächsten drei Monate schon mehr als genug Arbeit haben.«

Theo klappt seinen Laptop auf und scrollt durch seinen Kalender: »Ja gut, stell einen Termin ein, dann können wir darüber reden. Allerdings bin ich für die kommenden Wochen schon komplett verplant.«

Auf diese Weise kommen wir keinen Schritt weiter, merke ich. Dabei müssen wir wirklich etwas tun, um diese Krise zu bewältigen. Ich versuche mich zu erinnern, wie wir mit solchen Situationen in meinem früheren Job bei der Supermarktkette umgegangen sind. Da fällt mir ein, was unser CFO immer sagte: Wenn du es nicht messen kannst, existiert es nicht.

»Okay, wir haben wenig Zeit«, sage ich entschieden, »und ich will das Meeting gern abschließen. Auf jeden Fall sollten wir sofort die Quick Wins, die wir sehen, umsetzen. Darüber hinaus müssen wir einen kühlen Kopf bewahren und die Situation überschaubar gestalten, ehe jeder wie wild anfängt, Dinge zu verändern. Paul, kannst du deine Kollegen in der Planung bitten, die Lieferzeit jeder Küche genau zu messen. Und unterscheidet dabei nach Küchen, die wir schon verkauft haben, und solchen, die wir nach dem neuen Konzept verkaufen.« Paul nickt. Ich fahre fort: »Und versuch jetzt bitte nicht, wie ein Verrückter Aufträge nach dieser neuen Formel zu generieren. Du siehst ja, dass wir dafür eigentlich noch gar nicht aufgestellt sind. Sag deinen Verkäufern, dass sie neue Kundentermine zwar planen können, aber zeitlich möglichst weit nach hinten schieben sollen. Das gibt dem Rest von uns Zeit, noch ein paar Sachen auf die Reihe zu kriegen.« Paul nickt zustimmend, doch intuitiv fühle ich, dass er wahrscheinlich nichts von alldem tun wird. Kein Wunder, denn er kann sich in diesem Monat schon seinen Jahresbonus sichern, wenn er noch ein paar zusätzliche Aufträge abschließt. Ich mache mir eine mentale Notiz, heute Nachmittag noch einmal mit ihm zu telefonieren.

Ich wende mich an Laura: »Diese Aktion gilt nicht für Kunden, die bereits bestellt haben. Das könnt ihr so klar kommunizieren, wenn jemand anruft. Diese Aktion gilt nur für neue Bestellungen!« Laura antwortet nicht. Sie ist immer noch sauer.

Ich beende das Meeting mit folgenden Worten: »Darüber hinaus denke ich, dass wir externe Hilfe brauchen werden. Aus meinem letzten Job kenne ich ein Beratungsunternehmen voller kluger Köpfe, die sich mit solchen Sachen auskennen. Ich werde um ihre Unterstützung bitten.« Das Team reagiert positiv. Ich denke, sie sind erleichtert, dass ich die Führung übernehme.

Nach dem Meeting rufe ich sofort Pamela von der Full Control Consulting Group (FCCG) an. Ich kenne sie aus meinem früheren Job. Inzwischen ist sie vom Senior Manager zum Partner aufgestiegen. Ich erkläre ihr unser Problem und sie vermittelt mir sofort die Gewissheit, dass sie mir helfen kann. Zum ersten Mal habe ich das Gefühl, dass ich mit dieser Herausforderung nicht allein da stehe. Im Laufe unseres Gesprächs fragt sie, ob ich schon einmal von TEM – Total Efficiency Management – gehört habe. Das ist offenbar eine bewährte Methode, um Prozesse messbar zu beschleunigen. Das hört sich gut an! Ich verabrede mit ihr einen Termin im Laufe der Woche und bitte sie, dann gleich ein Angebot mitzubringen. Wir haben schließlich keine Zeit zu verlieren.

Geht nicht – gibt's nicht!

An diesem Abend erwische ich endlich Henk. Wir führen ein unangenehmes Gespräch. Mit Henk zu diskutieren, finde ich immer wieder sehr anstrengend. Er ist äußerst eloquent und sehr gut darin, sich durchzusetzen. Und er hat auch kein Problem damit, es auf die persönliche Ebene zu ziehen.

Meine Bedenken schiebt Henk beiseite. Es ist ihm schon seit Jahren ein Dorn im Auge, dass alles so lange dauert. Zudem ist Henk im letzten Monat in China gewesen und ihm ist klar geworden, dass von dort in Kürze eine Welle billiger Küchenangebote zu erwarten ist. Auf diese Entwicklung will er vorbereitet sein. Und dann nicht in erster Linie über den Preis, sondern vor allem über Geschwindigkeit konkurrieren.

Er sagt, dass er alle Argumente, warum es nicht funktionieren würde, viel zu lange akzeptiert hat. Und er hat ja nun gesehen, dass das auch völlig unbegründet war. Seine wichtigste Argumentation ist: Was für die Tochter eines prominenten Sternekochs geht, muss auch für alle anderen Kunden möglich sein. Ich halte dagegen, dass dieser Auftrag eine Ausnahme war, die sich nicht so einfach wiederholen lässt. Doch dieses Argument fegt Henk ganz einfach mit der Bemerkung vom Tisch, dass es sich dabei um die größte Küche gehandelt hat, die wir je geliefert haben. Bedeutet das nicht, dass es dann bei kleineren Küchen noch viel schneller gehen muss? Meinen Einwurf, dass diese eine Küche auf Kosten aller anderen Kunden ging, überhört er völlig.

Als Henk anmerkt, dass seiner Meinung nach ein richtiger Geschäftsführer nichts für unmöglich hält, gebe ich klein bei. Er ist offenbar fest entschlossen, das durchzuziehen. Unser Gespräch endet mit den Worten »Mach es möglich, Ronnie, ich habe vollstes Vertrauen in dich!«

Ich frage ihn sofort nach einem Budget, um FCCG zu beauftragen. Das ist zum Glück überhaupt kein Problem. Henk legt mir ans Herz, dass jetzt der Moment ist, um das Thema ein für allemal anzugehen und zu erledigen. Er wird alle daraus resultierenden Verluste vollständig übernehmen. Dafür hat er ausreichend Geld zur Seite gelegt. Und dann spricht Henk die legendären Worte: »Was immer du brauchst, Ronnie! Geld spielt keine Rolle. Ich habe sehr tiefe Taschen!« Vielleicht hätte ich damals besser nachfragen sollen, wie tief genau.

Der Rest des Monats ist blanker Kampf ums Überleben. Jeder rennt von Pontius zu Pilatus und tut sein Allerbestes. Ich bin stolz, wenn ich sehe, was wir erreichen können, wenn alle gemeinsam zupacken. Im gleichen Moment wird mir klar, dass Laura Recht hat: Dieses Tempo können wir nicht lange durchhalten.

Ein Alptraum

Einen Monat später, Mitte Juni;
die mittlere Lieferzeit ist von zwölf auf sechzehn Wochen gestiegen

Es hagelt Beschwerden. Die zusätzlichen Bestellungen haben für einen logistischen Alptraum gesorgt. Obwohl Paul beteuert, dass er sein Bestes getan hat, seine Verkäufer zu bremsen, haben wir viel mehr Küchen verkauft als gewöhnlich. Diese Aufträge scheinen das gesamte Unternehmen lahmzulegen. Mir ist sogar zu Ohren gekommen, dass wir letzte Woche bei zwei Kunden die verkehrte Küche geliefert haben. Das ist uns in all den Jahren noch nie passiert.

Darüber hinaus läuft offenbar noch etwas anderes verkehrt. Um die Lieferzeit zu verkürzen und Küchen nicht verschenken zu müssen, werden neue Kundenbestellungen vorrangig bearbeitet. Die Folge ist, dass wir bei vielen Kunden mit früherem Bestelldatum zum Liefertermin gar nicht erschienen sind, obwohl es eingeplant war. Die Abteilung Planung hatte schlicht vergessen, die Kunden zu benachrichtigen, dass ihre Küche noch später geliefert wird als zugesagt. Trotz weiterer Mitarbeiter und zusätzlicher Anstrengungen aller hat sich die Situation deutlich verschlechtert. In den Messprotokollen kann man erkennen, dass die mittlere Lieferzeit weiter zunimmt.

Die ständigen Anrufe der Redakteure bekannter Verbrauchermagazine machen uns mürbe. Jeden Tag könnte ich einer Einladung ins Fernsehen folgen. Henk ist nirgendwo zu finden. Wenn es positive Nachrichten gibt, dann hält er sein sonnengebräuntes Gesicht in die Kamera, aber jetzt, wo sozusagen die Karre im Dreck steckt, sieht man ihn nicht.

Nach langem Drängen konnte ich Henk endlich dazu bewegen, die Werbekampagne vorläufig zu stoppen. Das ist schon mal gut. Erst wollte er nichts davon wissen, die Werbung bescherte uns schließlich jede Menge Aufträge. Und obwohl er offenbar täglich Kontakt mit »dem Aal« hatte, war er sich all unserer Probleme nicht bewusst. »Es läuft fantastisch, Ronnie!«, versuchte er mir immer wieder klarzumachen. »Mann, wir haben noch nie so viel verkauft!«

Erst als ich ihm die Zahlen über die steigenden Lieferzeiten und die enorm gewachsene Anzahl von Kundenbeschwerden schickte, änderte er seine Meinung. Danach hat er uns etwas mehr Zeit gegeben, den Laden wieder zum Laufen zu bringen. Bis dahin gibt es im Fernsehen keine *Formel-Kitchen*-Spots mehr – sehr zu Yvonnes Verdruss übrigens, denn nun wird wieder der Spot mit dem halbnackten Henk und den zwei Models gesendet. Die *Formel-Kitchen*-Option bleibt während dieser Zeit bestehen, allerdings nur für Kunden, die explizit danach fragen.

Glücklicherweise war das Beraterteam von FCCG sehr schnell verfügbar. Es ist sehr beeindruckend. Vom ersten Tag an arbeiten sie mit einem Team von sechs Personen. Äußerst professionell, einer wie der andere in Schlips und Kragen, alle mit Universitätsabschluss und blitzgescheit. Ich frage mich allerdings, inwieweit sie ein Gefühl dafür haben, was wir hier tun: Die meisten sind so jung, dass sie sicher noch nie eine Küche gekauft haben. Mit Pamela habe ich bisher nur telefoniert, doch das soll sich schnellstmöglich ändern, hat sie mir versprochen.

Besser steuern

Freitagmorgen

Heute berichtet FCCG an unser Führungsteam. Ich bin sehr gespannt auf ihre Erkenntnisse und die Ausführungen, wie wir schneller werden können. Der Ort, an dem wir uns treffen, ist nicht wirklich inspirierend: ein muffiges Konferenzhotel an der Autobahn.

Es war nicht einfach, Theo »die Säge« davon zu überzeugen, einen Tag mit uns in einem Meeting zu verbringen, doch als ich auf den Parkplatz einbiege, sehe ich ihn zum Glück aus seinem Auto steigen, einem viel zu kleinen Familienauto, in das er mit seinen zwei Metern Größe gerade so reinpasst. Mit einem »Morj'n, Chef« grüßt er mich, während wir gemeinsam zur Eingangstür des Hotels laufen. Auf einem Monitor in der Lobby lese ich »Kitchen Quick – Besprechungsraum F1«. Ein freundlicher Rezeptionist erklärt uns, dass wir die Treppe rauf in die erste Etage müssen. Ich bin vor ein paar Jahren schon einmal hier gewesen. Schon damals war alles ziemlich in die Jahre gekommen. Daran hat sich bis heute nichts geändert.

Im Gang folgen Theo und ich den Schildern – A1, B1 bis zu F1. Hier ist es. Wir sind die Ersten. Alles ist ordentlich vorbereitet. Ein langer, U-förmiger Tisch füllt den Raum. Darauf steht ein Projektor, der auf eine enorm große Leinwand an der Wand gerichtet ist. In einer Ecke des Raums befindet sich ein Tisch mit Erfrischungsgetränken und Tee- und Kaffeekannen. Ich gieße mir eine Tasse Kaffee ein, nehme einen Schluck und spucke ihn beinahe sofort wieder aus. »Pfui Teufel!«, rufe ich laut. Theo schaut mich fragend an. »Das schmeckt, als hätten sie Kaffee von gestern in der Mikrowelle warm gemacht!« Ich schiebe schnell einen Keks hinterher, um den Geschmack loszuwerden.

Die anderen Kollegen treffen nach und nach ein: Laura, Wilma und dann auch Paul. Pünktlich 10:00 Uhr, genau zur vereinbarten Zeit, betritt Pamela mit einem Kollegen den Raum. »Ronald!«, ruft sie, sprühend vor Energie, breitet die Arme aus und drückt mich kurz. Pamela war für mich immer schon eine sehr beeindruckende Frau. Sie hat lange dunkelbraune Haare, dunkle Augen und ein bezauberndes Lächeln. Und sie ist stets sehr beschäftigt, von morgens früh bis abends spät immer bei der Arbeit. Nicht der Typ Mensch, der gemütlich zu Hause auf dem Sofa sitzt. Pamela hat immer einen kleinen Rollkoffer mit den Dossiers all ihrer Projekte dabei. Ich bin bei ihr stets ein wenig auf der Hut, denn sie kann sehr temperamentvoll sein und dadurch sehr heftig rüberkommen.

Pamela schließt ihren kleinen Laptop an den Projektor an und beginnt mit ihrer Präsentation. »Schaut, das Innere eurer Küchenfabrik könnt ihr mit einer äußerst komplizierten, unübersichtlichen Verkehrssituation vergleichen«, sagt sie mit ihrem italienischen Akzent. Sie zeigt ein farbenprächtiges Bild eines dreispurigen Kreisverkehrs mit sechs verschiedenen Ausfahrten, über die obendrein Radwege führen. Sie fährt fort: »Dieser Kreisverkehr ist ziemlich kompliziert und unübersichtlich. Die Menschen werden deshalb im Kreisverkehr zögerlich fahren und unerwartet bremsen, sodass sich der Verkehr staut, statt hindurchzufließen. Aber kann man den Menschen dafür die Schuld geben?« Sie schweigt und nach ein paar Sekunden reagiert Laura: »Nein, natürlich nicht. Derjenige, der das entworfen hat, ist ein Stümper!«

Pamela fährt fort: »Richtig, man kann von den Menschen einfach nicht erwarten, dass sie wissen, wie sie durch diesen Kreisverkehr hindurchfahren müssen. Anders ausgedrückt: Es macht jeder, was er selbst für richtig hält. Wenn Menschen nach ihrem eigenen Ermessen handeln, dann hat man keine Kontrolle über den Prozess und kann nicht vorhersehen, was passieren wird. Die Lösung dafür ist, den Menschen bessere Anweisungen zu geben.« Ehe noch jemand eine Frage dazu stellen kann, klickt sie weiter zur nächsten Folie. »Eine bessere Steuerung ist eigentlich einfach zu implementieren. Wenn man an die richtigen Punkte Verkehrsposten stellt, die den Autofahrern genau sagen, wann sie in den Kreisverkehr einfahren können oder noch warten müssen, dann ist alles gelöst. Und für die Radfahrer werden Ampeln und Überwege eingerichtet. Es soll ja für alle sicher bleiben, nicht wahr?«

Ja, das klingt ziemlich logisch. Ich schaue in die Gesichter meiner Kollegen. Auch sie nicken zustimmend. Insbesondere Theo scheint außerordentlich begeistert zu sein.

Pamela fährt fort: »Nun, dasselbe kann man in Unternehmen machen: dafür sorgen, dass die Mitarbeiter im richtigen Moment die richtigen Dinge tun. Dann entsteht kein Stau mehr bei der Arbeit und das Ganze wird nicht länger blockiert. Das nennen wir Total Efficiency Management, und so heißt auch die Methode, mit der wir es in Organisationen wie der euren implementieren.«

Pamelas Ausführungen werden vom gesamten Führungsteam positiv aufgenommen. Außer von Laura. Hinter deren kleiner schwarzer Brille entsteht ein Stirnrunzeln. Sie meldet sich zu Wort: »Aber das ist doch genau das, was die Kollegen in unserer Planungsabteilung machen. Was ist daran nun so neu und außergewöhnlich?« Paul, Leiter der Abteilung Verkauf & Planung, ist von Lauras Frage sichtlich beeindruckt und spitzt die Ohren.

Pamela erwidert zustimmend: »Ja, ihr macht tatsächlich für jeden Tag eine detaillierte Planung. Das stimmt. Doch mit Total Efficiency Management kommen Prozesskoordinatoren hinzu, die kontinuierlich agieren und entscheiden, was zu welchem Zeitpunkt getan werden muss. Eine Art Realtime-end-to-end-Verkehrsregelung sozusagen. Was ich sagen will: Eure Pläne sind hervorragend, aber ein Plan ist nicht mehr als ein Plan. Er ist einfach ein Dokument. Doch es geht nicht um den Plan, es geht um die Ausführung! Vom Plan zur Tat, sozusagen. Deshalb werden die Prozesskoordinatoren dafür Sorge tragen, dass alles auch wirklich nach Plan verläuft!« Das scheint Laura und Paul davon zu überzeugen, dass so die Pläne auch wirklich umgesetzt werden.

Pamela klickt weiter zur nächsten Folie, die (wie alle anderen) äußerst professionell aussieht. »Wir haben jeden von euch in der letzten Woche interviewt, um uns einen Überblick über den aktuellen Prozess zu verschaffen. Zusätzlich haben wir verschiedene Zeitmessungen durchgeführt und ich habe gute Nachrichten: Das Verbesserungspotenzial ist enorm!« Die Folie zeigt eine beeindruckende Übersicht von Zahlen, unter anderem die Effizienz je Abteilung. Paul sieht sofort, dass seine Abteilung am besten abschneidet.

»Wir sind davon überzeugt, dass wir die Effizienz mindestens um den Faktor 20 verbessern können. Und genau das ist es, was ihr braucht, um die Lieferzeit auf unter zwei Wochen zu reduzieren.« An der Wand erscheint eine Folie mit einem Liniendiagramm, das zeigt, wie die Lieferzeit innerhalb weniger Wochen unter den Normwert von zwei Wochen gesenkt wird.

Das klingt hervorragend, fast zu schön, um wahr zu sein. Das sieht nicht nur einfach gut aus, auch die zugrunde liegenden Statistiken und Analysen wirken äußerst überzeugend. Ich bin froh, dass ich FCCG ins Boot geholt habe. In solchen Situationen merkt man dann, dass externes Wissen und sehr kluge Berater doch oft Dinge sehen, an die man selbst nicht einmal denkt. Wenn es stimmt, was Pamela sagt, dann haben wir schnell wieder alles unter Kontrolle. Ihre Firma heißt ja nicht umsonst Full Control Consultancy Group …

Und doch habe ich noch so ein seltsames Gefühl im Bauch. Mein Großvater hat immer gesagt, wenn Dinge zu schön scheinen, um wahr zu sein, dann kommt das meistens daher, dass dem auch so ist. Deshalb frage ich kritisch: »Wie werdet ihr messen, ob es funktioniert, Pamela? Und wie sieht eure Planung aus?«

»Dazu komme ich jetzt, Ronald«, antwortet sie. »Du bist mir einen Schritt zuvorgekommen. Auf dieser Folie siehst du ein Beispiel für den Managementreport, den wir wöchentlich liefern. Darin findest du immer die aktuellsten Messergebnisse, beispielsweise die Durchlaufzeit jeder gelieferten Küche. Erst insgesamt und dann heruntergebrochen auf jeden Prozessschritt. Für einige kritische Performance-Indikatoren geben wir auch den RAG-Status an.«

»RAG-Status?«, fragt Theo. Pamela schaut kurz herablassend zu Theo, scheint aber zu begreifen, warum er diese Frage stellt. Danach schaut sie zu den anderen, um zu sehen, ob vielleicht noch mehr damit nichts anfangen können. Sie ist sichtlich überrascht, dass es für uns kein gängiger Begriff zu sein scheint. »Ja: Red, Amber, Green. Bei Grün verläuft alles nach Plan, bei Rot läuft etwas völlig verkehrt und bei Orange heißt es aufpassen.« Theo antwortet: »Ach so, du willst Ampeln einführen. Dann sag das doch einfach!«

Pamela fährt unbeirrt mit ihrer Präsentation fort. Es sieht wirklich so aus, als hätte sie an alles gedacht. Ihr Stufen- und Ablaufplan sieht sehr straff und professionell aus. Dann wendet sie sich zu mir: »Um deine andere Frage zu beantworten, Ronald: Von mir aus können wir direkt mit der Implementierung beginnen. Und wenn wir uns ins Zeug legen, kann sie innerhalb von vier Wochen abgeschlossen sein. Vorausgesetzt, dass ihr heute noch entscheidet und wir sofort am Montag loslegen.«

»Vier Wochen nur? Das klingt gut«, sage ich. »Was sind die ersten Schritte?«

In den folgenden Stunden arbeiten wir den Plan für die Implementierung durch. Außerdem besprechen wir die neue Arbeitsweise jeder Abteilung anhand eines detaillierten Handbuchs, das FCCG vorbereitet hat. Darin sind Prozessschritte, Rollen, Verantwortlichkeiten und Messpunkte klar beschrieben. Pamelas Kollege, ein junger Mann von zwanzig Jahren, arbeitet sofort alle Anmerkungen in das Handbuch ein. Wir können über den Projektor an der Wand mitlesen. Es herrscht eine gehobene Stimmung und wir sind wirklich als Führungsteam dabei, das Problem gemeinsam zu analysieren und zu lösen. Soweit ich mich erinnere, ist es das erste Mal, dass einer dem anderen gut zuhört und gemeinsam Ideen weitergedacht werden.

»Eins noch, Pamela. Wie können wir forcieren, dass Mitarbeiter die neue Arbeitsweise auch wirklich annehmen?«, fragt Theo.

»Ja, das ist wirklich eine gute Frage. Wir erleben hin und wieder bei anderen Kunden, dass sie dem jährlichen Beurteilungszyklus einen KPI hinzufügen und von allen Mitarbeitern erwarten, dass sie eine Zielvereinbarung zum Thema ›Effizienter arbeiten‹ haben. So lässt sich die Veränderung gut verankern. So ist Effizienz nicht mehr nur ein Ziel der gesamten Organisation, sondern auch von jedem Einzelnen persönlich.« Pamela schaut ihren jungen Kollegen an und sagt: »Kannst du das noch ins Handbuch aufnehmen, Fritz?« Der nickt und tippt eifrig auf seinem Laptop.

Am späten Nachmittag sind wir fertig. Es fühlt sich an, als ob wir das Problem schon fast gelöst hätten. Das seltsame Bauchgefühl, das ich hatte, ist noch nicht ganz verschwunden, doch ich denke, dass das hier unsere beste Chance ist, eine große Verbesserung zu erzielen.

Ich sage: »Okay, das war's für heute. Gute Arbeit, Team! Bleibt nur noch der Roll-out. Hat noch jemand Zweifel?«

Ich schaue einen nach dem anderen an. Paul und Theo reagieren begeistert und rufen fast im Chor: »Nein, keine!« Wilma und Laura scheinen etwas zurückhaltender, deuten aber mit einem leichten Kopfschütteln an, auch keine Zweifel zu haben. Etwas in mir sagt, dass beide noch nicht völlig überzeugt sind, doch wenn ihnen etwas nicht passt, so ist jetzt der richtige Moment, es zu äußern.

Ich warte noch einen Augenblick, ehe ich sage: »Okay, wir sind uns also einig. Dann werde ich jetzt die Ankündigung verschicken.« Ich klappe meinen Laptop auf und schreibe folgende E-Mail:

Von: Ronald
An: Alle
Betreff: Beschleunigungsprogramm

Liebe Kolleginnen und Kollegen,

heute haben wir im Führungsteam im Verlauf eines Strategietages beschlossen, ab sofort Total Efficiency Management einzuführen. TEM ist eine erprobte Methode, die für genau das sorgt, was wir am nötigsten brauchen: eine Beschleunigung unserer Prozesse. Mit Blick auf das neue *Formel-Kitchen*-Angebot müssen wir aktiv werden.

Schaut euch die beigefügte Präsentation und das Handbuch gut an, denn die Implementierung durch FCCG beginnt kommenden Montag.

Falls Fragen aufkommen, könnt ihr gern zu mir kommen. Ihr könnt euch aber auch an euren direkten Vorgesetzten wenden. Er oder sie ist ebenfalls umfassend informiert und unterstützt diese Initiative.

Gruß
Ronald

In den folgenden vier Wochen verschwinden all unsere Probleme wie Schnee in der Sonne. Die Lieferzeit beträgt bald nur noch eine Woche.

In Wirklichkeit sieht es gar nicht gut aus. Wäre doch alles nur so einfach.

Das Ultimatum

Ende August; mittlere Lieferzeit wieder bei zehn Wochen

Völlig unverhofft kommt Henk in mein Büro und setzt sich neben mich. Er legt eine Hand auf meine Schulter und fragt eindringlich: »Hi Ronnie, wie läuft's?«

»Oh, hallo Henk, hatten wir heute einen Termin? Nun, egal, ich habe grad einen Moment Zeit. Wie es geht? Ich werde es dir zeigen.« Ich öffne auf meinem Laptop die Seite mit den Ampeln des Managementreports und erkläre stolz: »Die Implementierung von Total Efficiency Management läuft reibungslos.« Er schaut nicht auf den Bildschirm, sondern sieht mich weiter eindringlich an: »Total ... was?«

Ich erwidere: »Total Efficiency Management, unsere neue Arbeitsweise. Die Lieferzeit hat sich schon beträchtlich verbessert, auch wenn wir noch nicht am Ziel sind. Mit Unterstützung von FCCG haben wir einige erhebliche Verzögerungen im Prozess identifiziert. Lass mich dir ein Beispiel nennen. Du weißt ja, dass die Auslieferungsabteilung immer für das Bestellen der Küchengeräte verantwortlich war. Und die haben eine Lieferzeit. Dadurch vergingen immer einige Wochen, ehe die Küche geliefert werden konnte. Jetzt bestellen wir sofort nach Auftragseingang, wodurch diese Wartezeiten entfallen. Ein schöner Quick Win. Und das ist nur der Anfang. Wir haben die Lieferzeit von sechzehn Wochen auf zehn Wochen verkürzt, eine Einsparung von sechzig Prozent!«

Henk steht abrupt auf und beginnt, im Zimmer auf und ab zu laufen. Er schweigt einen Moment, dann sagt er mit Nachdruck: »Das kann doch nicht wahr sein?! Es sind jetzt gut drei Monate seit Ausstrahlung des neuen Werbespots vergangen, und du hast es geschafft, die Lieferzeit von zwölf auf zehn Monate zu verkürzen?! Kannst du dir vorstellen, was das kostet?«

Ich schaue ihn völlig perplex an und mir geht plötzlich auf, dass es aus diesem Blickwinkel betrachtet wirklich nicht sonderlich gut aussieht. Henk fährt fort: »Übrigens, ich habe eben mit Paul gesprochen und erfahren, dass der wesentliche Grund für deine kürzere Lieferzeit ein völlig anderer ist. Weil bei allen Altkunden die Küchen nun noch später geliefert werden, haben viele von ihnen ihre Bestellungen storniert. Das ist es, was du in deinen Statistiken siehst. Nicht kürzere Lieferzeiten. Stornierte Bestellungen! Genau das siehst du! Verdammte Lügen, diese Statistiken!«

Ich fühle, wie ich den Boden unter den Füßen verliere. Wie kommt es, dass Henk besser Bescheid weiß als ich, obwohl er kaum involviert ist. Wie kann es sein, dass die Zahlen nicht stimmen? Warum hat mich Pamela nicht informiert?

Henk fragt: »Ronnie, wann hast du das letzte Mal mit einem Kunden gesprochen?« Ich überlege kurz, kann mich aber wirklich nicht erinnern, wann das gewesen ist. »Das ist sicher gut zwei Monate her, schätze ich«, antworte ich zögernd.

Henks Frage macht mich nachdenklich. Die Implementierung durch FCCG beansprucht viel mehr Zeit, als ich erwartet hatte. Vor allem die Anzahl der Eskalationen, mit denen ich mich befassen muss, nimmt enorm zu. Dadurch sitze ich viel häufiger in Meetings, als mir lieb ist. Meine andere Arbeit wird aber nicht weniger, sodass ich nun an viel mehr Abenden in der Firma bin als vorher. Yvonne hält mir regelmäßig vor, dass ich so wenig zu Hause bin. Durch ihr Studium und ihren Job hat sie zwar auch genug zu tun, doch sie ist immer öfter allein zu Hause. Deshalb redet sie wahrscheinlich auch so viel übers Schwangerwerden und dass sie mich dazu braucht. Aber ich komme abends immer erst spät nach Hause und bin dann völlig erschöpft. Die Implementierung durch FCCG sollte ursprünglich vier Wochen dauern, doch inzwischen sind schon zehn Wochen vergangen. Es kann also nicht mehr allzu lange dauern, bis sich meine Arbeitslast spürbar verringern wird.

Henk erwidert: »Dann werde ich dir jetzt mal was erzählen. Ich bin heute eine Weile beim Kundenservice gewesen und habe einige Gespräche mitgehört. Und es läuft total beschissen. Wenn Mitarbeitern eine Frage gestellt wird, dann müssen sie sich jetzt erst die Erlaubnis irgendeiner Prozesskoordinator-Tussi holen? Ich höre sie schon förmlich bei fast jedem Anruf zum Kunden sagen: ›Ich würde das gern für Sie regeln, aber ich muss erst beim Koordinator nachfragen, was ich Ihnen zusagen kann. Ich rufe Sie gleich zurück!‹ Es ist ihnen nicht mehr erlaubt, ihren eigenen Verstand zu benutzen. Das kann doch wohl nicht wahr sein? Nicht mehr lange, und jemand erklärt, dass es nicht effizient ist, auf die Toilette zu gehen, und jeder muss vorher die Hand heben …«

Was Henk mir dann berichtet, klingt ernst. Mir wird bewusst, dass ich wirklich kaum weiß, welche Auswirkungen unser neues Vorgehen für Kunden und Mitarbeiter hat. Die erste Telefonkonferenz am Tag mit Pamela ist oft schon morgens um halb sieben und danach bleibt fast nie Zeit für meine übliche Morgenrunde durch die Abteilungen. Wilma und Theo hatten mir zwar erzählt, dass es bei den Mitarbeitern Widerstände gibt und gemeckert wird. Aber das ist doch bei jeder Veränderung so. Mit Rückmeldungen wie »Das ist nicht machbar!« hatte ich vereinzelt schon gerechnet. Pamela versicherte mir auch, dass diese Art von Widerstand einfach dazugehört. Sie empfahl uns, weiterzumachen und den Mitarbeitern immer wieder zu erklären, wie der neue Prozess funktioniert. Früher oder später würden sie die Vorteile erkennen und das neue Vorgehen annehmen. So laufe das eigentlich bei allen ihren Kunden, sagte sie. Sollte ich mich nicht auf die Empfehlungen eines renommierten Beratungsunternehmens verlassen können?

»Natürlich muss alles noch viel schneller werden, Henk«, sage ich. »Das ist auch der Grund, weshalb wir dieses Programm zur Beschleunigung der Prozesse in unserem Unternehmens durchführen. Auch ich will *Formel Kitchen* so schnell wie möglich zum Laufen bringen. Oder zweifelst du an meinem Commitment? Was glaubst du, warum ich mich tagelang mit FCCG beschäftige, um unsere Prozesse zu beschleunigen? Wir legen uns voll ins Zeug mit Total Efficiency Management und sind gerade dabei, die ersten Früchte zu ernten.«

Henk ist sichtlich verärgert: »Hör zu, Ronald, dein Total Ef-*f***ing*-cy Management kann mir gestohlen bleiben. Vielleicht funktioniert das bei einer großen Supermarktkette, aber nicht für einen Küchenproduzenten. Da bin ich mir sicher. Und, noch was, du willst doch so gern Teilhaber werden? Nun, Teilhaber sein bedeutet aber auch, die Risiken zu teilen. Teure Berater einkaufen, die ich bezahlen darf … welchen Anteil trägst du da?«

Ich bin erschrocken über Henks Reaktion. Er fährt fort: »Ich gebe dir noch acht Wochen, um es auf die Reihe zu kriegen. Danach übernehme ich die Leitung des Ladens wieder selbst. Wir müssen es jetzt wirklich schaffen, schneller zu liefern, sodass wir unserem Versprechen gegenüber dem Kunden nachkommen können. Geld spielt keine Rolle. Das habe ich dir schon einmal gesagt. Meine Taschen sind tief. Verdammt noch mal, sag mir endlich, was du brauchst!«

Bevor ich etwas erwidern kann, läuft er aus meinem Büro und ist verschwunden.

Ich bleibe völlig perplex zurück und fühle eine leichte Panik in mir aufsteigen. Mist! Ich dachte, dass wir ganz gut unterwegs sind. Das wird mich am Ende noch meinen Job und meine Karriere kosten. Wer stellt schon einen gescheiterten Geschäftsführer ein? Mir wird klar, dass wir es anders anpacken müssen. Wir sind schließlich wirklich kein multinationaler Konzern. Ich sage alle meine Termine für den Rest des Tages ab und fahre nach Hause. Ich brauche Ruhe zum Nachdenken.

Die Einladung

Als ich nach Hause komme, bin ich überrascht, dass Yvonne nicht da ist. Dabei ist doch heute ihr freier Tag. Normalerweise sitzt sie dann den ganzen Tag über ihren Büchern. In der Küche mache ich mir einen kräftigen Espresso und nehme ihn mit ins Arbeitszimmer. Auf meinem Stuhl schließe ich die Augen und versuche, mir einen Überblick zu verschaffen. »Dein Total Ef-*f***ing*-cy Management kann mir gestohlen bleiben«, hatte Henk gesagt. Ich kann mir ein kleines Lächeln nicht verkneifen. Ich gebe ihm durchaus ein Stück weit recht. Als Pamela die Geschichte von dem Kreisverkehr erzählte und vorschlug, Verkehrsposten einzusetzen, kam ein anderer Gedanke in mir hoch: die Kreuzung vereinfachen. Und zwar ohne Ampeln, man muss das Problem selbst lösen. Die ganzen Koordinatoren sorgen nur dafür, dass unsere Mitarbeiter nicht mehr selbstständig denken. Dadurch dauern Entscheidungen in Richtung Kunde noch länger. Und das, wo wir doch schneller werden müssen.

Ich erschrecke fast zu Tode, als Yvonne plötzlich einen Briefumschlag vor mir auf den Schreibtisch wirft. Ich habe sie nicht hereinkommen hören. »Der lag draußen auf der Türmatte«, sagt sie. »Außer deinem Namen steht nichts drauf.« Noch ehe ich sie fragen kann, wo sie eigentlich herkommt, ist sie auch schon wieder verschwunden. Ich drehe den Umschlag um. Tatsächlich. Es steht nur mein Name darauf, »Für Ronald«. Weiter nichts. Keine Adresse und auch keine Briefmarke.

Ich reiße den Umschlag auf. Eine Eintrittskarte für das Formel-1-Rennen am nächsten Wochenende steckt darin. Für den Grand Prix von Belgien. Und es ist eine persönliche Zugangskarte, denn mein Name ist aufgedruckt. Als ich die Karte genauer betrachte und umdrehe, sehe ich ein glänzendes Emblem mit dem goldenen Text »VIP Paddock Access«. Wow, eine VIP-Karte! Für die Formel 1! Was die wohl gekostet hat?

Sonst scheint der Umschlag leer zu sein. Ich drehe ihn vorsichtshalber noch einmal auf den Kopf und es fällt ein kleines Kärtchen heraus. In einer mir unbekannten Handschrift steht darauf geschrieben: »Du willst schneller werden? Dann schau mal bei der Formel 1 vorbei!«

Was ist das denn? Und – wem habe ich das zu verdanken? Könnte es von Pamela kommen als Dank für den Auftrag? Nein, das glaube ich nicht, denn dann hätte sie mir die Karte persönlich überreicht und wir würden sicher gemeinsam hingehen. Oder von Henk? Nein, glaube ich auch nicht. Der ist schließlich gerade nicht so gut auf mich zu sprechen. Könnte sie dann von Yvonne sein? Aber warum sollte sie es mir dann nicht einfach sagen? Außerdem ist es unlogisch, denn sie meint ohnehin, dass ich zu wenig zu Hause bin. Aber von wem dann? Und vor allem – warum?

Ich bleibe eine Weile still auf meinem Stuhl sitzen und starre auf die Eintrittskarte, völlig fassungslos und verblüfft. Wer hat mir die nur geschickt ...?

Teil III
Das Rennen

Luxusmenschen

Sonntag, Anfang September

Am Sonntagmorgen breche ich sehr früh zur Rennstrecke Spa-Francorchamps auf. Yvonne wollte sich für dieses Wochenende mein Auto leihen, und so fahre ich mit ihrem Prius. Unterwegs fällt mir auf, dass sie eigentlich gar nicht erzählt hat, wofür sie mein Auto braucht – und ich sie auch nicht danach gefragt habe. Trotz der frühen Stunde brauche ich für die Strecke länger als erwartet. Bei Aachen ist der Verkehr schon sehr dicht, doch ab Verviers geht es nur noch im Stop-and-go. Ich spüre im ganzen Körper, dass ich in letzter Zeit ziemlich viel Stress hatte. Alles schmerzt, mein Rücken, der Nacken und sogar die Waden. Mein Körper signalisiert mir deutlich, dass ich diese Anspannung nicht mehr lange durchhalten werde.

Auf dem letzten Wegstück kriecht der Verkehr auf kleinen, kurvigen Straßen, über Hügel und durch den Wald. Dann schickt mich das Navigationssystem in einem Kreisverkehr links ab auf die Route-du-Circuit und ich komme zur Einfahrt eines großen Parkplatzes. Die Autos vor mir werden alle von einem Mann mit orangefarbener Weste und Walkie-Talkie zum nächsten Eingang geschickt, doch als ich meine VIP-Karte vorzeige, sagt er mit französischem Akzent: »Willkommen Monsieur Verhulst! Bitte fahren Sie hier entlang, dann können Sie rechts parken.«

Der Teil des Parkplatzes, auf dem ich parken darf, steht voller teurer Autos. Mit einem Grinsen stelle ich den Prius zwischen einen Lamborghini und einen dicken Porsche. Ich steige aus und kann es nicht lassen, davon ein Foto zu machen und es schnell an Yvonne zu simsen. In der Ferne sehe ich ein großes »VIPS ONLY«-Schild; ich mache mich auf den Weg dahin.

Am Eingangstor erwartet mich eine freundliche Hostess mit langen, blonden Haaren im dunkelblauen Overall des Faster-Racing-Teams, der übersät ist mit Aufnähern verschiedenster Sponsoren. Sie hält ein Klemmbrett in der Hand, läuft auf mich zu und gibt mir die Hand.

Mit warmem flämischem Akzent sagt sie: »Willkommen, Herr Verhulst. Ich bin für den heutigen Tag Ihre Begleitung und werde Sie nun hineinführen.« Ganz offensichtlich hat der französischsprachige Wachmann mit seinem Funkgerät meine Ankunft schon durchgegeben. Ich erwidere: »Wir können uns gerne duzen. Ich heiße Ronald.« Sie lächelt freundlich und notiert etwas. Dann hängt sie mir einen Ausweis um.

»Bitte geben Sie ... Äh, bitte gib auf diesen Ausweis sehr gut acht. Es soll Menschen geben, die dafür sprichwörtlich einen Mord begehen würden. Die Rennstrecke ist in verschiedene Sicherheitszonen eingeteilt. Ohne Ausweis wird es da schnell ziemlich kompliziert. Verlier ihn deshalb bitte nicht.« Sie zwinkert mir zu und lächelt. Dann geht sie voran. Wie gastfreundlich sie ist. Ich fühle mich echt wie ein VIP!

Wir betreten einen dunklen Tunnel, der unter der Rennstrecke hindurchführt. Sie wendet sich mir zu und sagt: »Wir erreichen jetzt gleich das Fahrerlager. Zu diesem Bereich haben nur die Rennfahrer, Teammitglieder und spezielle Gäste Zutritt.« Wir kommen zu einer Sicherheitskontrolle, und ich werde durchsucht.

Auf der anderen Seite angekommen, kann ich mich gar nicht sattsehen. Es ist fast so, als befände ich mich hier in einem großen Dorf. Jedes Team hat einen eigenen Pavillon, inklusive Dachterrasse, Bar und Restaurant. Wir laufen durch das Fahrerlager und ich schaue mich staunend um. Es gibt einfach unfassbar viel zu entdecken.

Innerhalb kürzester Zeit sehe ich etliche Menschen, die ich aus dem Fernsehen kenne: Sportler, Künstler, Schauspieler und prominente Unternehmer. Die anderen laufen übrigens ebenfalls herum, als ob sie berühmt wären. Sie tragen teure Kleidung, dicke Uhren und große Sonnenbrillen zur Schau. Es ist hier ein einziges Sehen und Gesehenwerden. Dazu sind Dutzende Kamerateams unterwegs, die Menschen interviewen.

Wir erreichen den Pavillon des Faster-Racing-Teams. Drinnen wartet ein Kellner mit einem Tablett voller Champagnergläser. Dankbar greife ich zu. Obwohl es noch Vormittag ist, fühlt es sich völlig richtig an. Meine Begleitung sagt: »Ich lasse dich jetzt erst einmal hier. Das Mittagessen ist fast fertig. Lass es dir schmecken. Danach hole ich dich zu einem VIP-Rundgang ab.« Mit einem Lächeln dreht sie sich um und verschwindet in der Menge.

Ich laufe weiter in den Pavillon hinein. Im hinteren Teil sehe ich zwei Köche mit auffällig hohen Kochmützen geschäftig in der Küche hantieren. Die Gerichte, die sie zubereiten, sehen aus wie aus einem Sternerestaurant. Nicht zu fassen. Was das wohl alles kostet? Ich suche mir einen Platz, um mich hinzusetzen. An einem der Tische sehe ich ein bekanntes Gesicht. Verdammt, das ist doch unser ehemaliger Bundespräsident! Er spricht begeistert über irgendetwas und gestikuliert dabei wild mit den Armen. Seine vier Tischgefährten, alle in Schlips und Kragen, nicken höflich.

Ich fühle mich irgendwie unbehaglich zwischen all den Prominenten, den vielen reichen und berühmten Menschen – und ich: ein Küchenhersteller. Ich muss daran denken, was Yvonne oft sagt, wenn ich mit ihr in ein teures Restaurant gehe: »Ronald, das Essen finde ich super, aber das Kasperletheater dieser Luxusmenschen, das geht mir völlig ab.«

Ich setze mich an einen leeren Tisch hinten im Raum, von dem aus ich das Geschehen gut überblicken kann. Automatisch greife ich nach meinem Handy und schaue nach, ob es neue Nachrichten gibt. Nichts wirklich Wichtiges. Der Pavillon füllt sich und zwei Männer in Anzug setzen sich zu mir an den Tisch. Sie unterhalten sich die ganze Zeit angeregt in einer mir unbekannten Sprache. Das Drei-Gänge-Menü ist übrigens ausgezeichnet.

Auf dem Tisch steht eine Karte mit dem Zeitplan für den Tag. Das Rennen beginnt gleich. Mehr und mehr Menschen verlassen den Pavillon auf der Suche nach ihren Plätzen auf der Tribüne. Als der Pavillon fast leer ist, kommt die Hostess zurück, geht eine Namensliste durch und ruft mir zu: »Herr Verhulst! Ronald! Komm, wir müssen los!«

Zusammen mit drei weiteren Gästen folge ich ihr nach draußen. Sie begleitet uns zum Eingang eines anderen Gebäudes, vor dem ein kräftiger Security-Mann steht. Er scannt unsere VIP-Ausweise und bittet zusätzlich um eine »Foto-ID«. Ich zeige meinen Ausweis und darf dann durch einen schmalen Gang hineingehen.

Eine Schiebetür öffnet sich und plötzlich stehen wir im hinteren Teil der Box von Faster Racing. Ich kann die beiden Formel-1-Autos und Dutzende Monteure sehen, die geschäftig an ihnen zu tun haben. Unsere Begleitung sagt: »Von hier aus könnt ihr das Rennen verfolgen. Viel Freude dabei!« Wow, ich wusste ja, dass wir eine VIP-Führung bekommen, aber dass ich dem Geschehen so nahe kommen würde, damit hatte ich nicht gerechnet.

Verwunderung

Ich kann mich gar nicht sattsehen, so viel gibt es in der Box zu bestaunen. Auf den ersten Blick wirkt alles völlig chaotisch. Viele Menschen laufen hin und her und wild durcheinander. Doch wenn ich genauer hinschaue, merke ich, dass jeder offenbar genau weiß, was seine oder ihre Aufgabe ist. Es herrscht keinerlei Panik. Niemand schreit oder brüllt herum. Was ich beobachte, scheint äußerst professionell und diszipliniert abzulaufen. Einen Moment lang denke ich daran, wie es bei uns im Betrieb zugeht und merke, dass ich dabei ein wenig traurig werde. Aber dieses Gefühl schlägt schnell in Optimismus um: Es ist schön, sich vorzustellen, dass es noch so wahnsinnig viel zu verbessern gibt. Wie großartig wäre es, wenn wir auch so arbeiten könnten?

Sechs Mechaniker sitzen vor ihren Computern und zeigen geschäftig auf allerlei Zahlen und Grafiken. Einer von ihnen macht wohl gerade eine Pause. Er kommt auf uns zugelaufen. Ob er wohl auf ein Schwätzchen bei uns vorbeischaut? Nein, natürlich nicht, er hat sicher Besseres zu tun. Er ist auf dem Weg zu der Kaffeemaschine direkt neben uns. Ich nehme all meinen Mut zusammen und frage ihn, ob ich auch einen Kaffee bekommen kann. Vermutlich ist das nicht so gedacht, doch wer nicht wagt, der nicht gewinnt. Er nickt und tippt dann auf der Maschine auf zwei doppelte Espresso. Parallel tröpfelt der Kaffee in die Becher.

Als er mir meinen Becher reicht, sage ich: »Kann ich dich etwas fragen? Was habt ihr da alles auf euren Monitoren?« Der Mechaniker scheint meine aufrichtige Neugier zu spüren. »Ich teste gerade, ob alle Sensoren an den Autos ordnungsgemäß funktionieren. Damit behalten wir während des ganzen Rennens die Autos aufmerksam im Blick, zum Beispiel die Temperatur der Bremsen. Denn wenn die zu heiß werden, funktionieren sie nämlich nicht mehr. Wir können dann über Bordfunk an den Fahrer durchgeben, dass er mehr mit dem Motor abbremsen muss, damit die Bremsen wieder abkühlen können. Insgesamt sind es mehr als hundert Sensoren, die uns derartige Informationen liefern. Davon kann schon mal einer kaputtgehen, deshalb testen wir sie vor dem Start gründlich, sodass wir während des Rennens keine Überraschungen erleben.«

»Wow, kaum zu glauben«, sage ich. Ich bin schwer beeindruckt. »Was für eine imposante Technik. Mehr als hundert Sensoren, die Informationen liefern?! Aber das bedeutet ja auch ungeheuer viel Arbeit, das alles im Blick zu behalten. Wie viele seid ihr denn eigentlich?«

Der Mechaniker trinkt lächelnd einen Schluck von seinem Kaffee. Ich habe das Gefühl, dass ich nicht der Erste bin, der solche Anfängerfragen stellt. Er bleibt freundlich und antwortet ruhig: »Auf der Rennstrecke sind wir sechzig. Für beide Autos zusammen. Wir würden gern mehr Leute mitnehmen, aber das erlaubt die FIA nicht. Die Regeln legen fest, dass sechzig das Maximum sind. Aber es muss ja auch nicht jeder unbedingt hier vor Ort sein. Im Werk in England sitzen auch noch mal Dutzende Kollegen, die das Rennen live mitverfolgen. Die sitzen dort vor Monitoren in einem Raum, den wir die Remote Garage nennen. Sie sehen in Echtzeit dieselben Daten und schauen außerdem auf die Kamerabilder. So versuchen sie vorherzusagen, was die anderen Teams machen werden. Sie beraten uns beispielsweise, wann ein guter Zeitpunkt für einen Boxenstopp ist, um neue Reifen zu montieren.«

»Also ungefähr hundert Leute?«, sage ich. Der Mechaniker erwidert: »Ja, während des Rennens sind es ungefähr hundert. Aber insgesamt besteht unser Team aus fast tausend Leuten, die dafür sorgen, dass diese zwei Autos gebaut werden und am Rennen teilnehmen können.«

Mir bleibt der Mund offen stehen: »Tausend Leute! Für zwei Autos?« Der Mechaniker führt seine gestreckte Hand zur Schläfe und sagt: »*Yes sir.* Zu Ihren Diensten!« Er wendet sich ab und läuft zurück zu seinem Computer.

In diesem Augenblick kommen die beiden Fahrer in die Box. Mir fällt auf, wie klein sie sind, vielleicht gerade mal 1,70 Meter. Und noch so jung. Sie sind hochkonzentriert und halten sich etwas abseits von den Mechanikern. Dann werfen sie mit jemandem, der wie ihr Personal Trainer aussieht, Bälle hin und her. »Schon clever, so eine Übung«, denke ich. »Sie wärmt auf und trainiert gleichzeitig die Reflexe.« Ich kann mir gut vorstellen, dass schnelles Reaktionsvermögen ebenso wichtig ist wie warme Muskeln.

Kurze Zeit später setzen die beiden Fahrer ihre Helme auf und ziehen die Handschuhe an. Dann steigen sie in ihre Autos. Das ist, wie es aussieht, nicht ganz so einfach. Sie passen gerade so rein und werden dann auch noch komplett festgeschnallt. Jetzt verstehe ich, warum es von Vorteil ist, wenn man als Rennfahrer nicht allzu groß ist.

Es herrscht eine außergewöhnliche Stimmung in der Box: Einerseits Ruhe und Gelassenheit, andererseits ist deutlich spürbar, wie sich die Spannung aufbaut. Um uns herum wird es immer stiller. Es ist die Ruhe vor dem Sturm. Buchstäblich, denn plötzlich wird der Motor eines der Wagen gestartet. Was für ein ohrenbetäubender Lärm, unglaublich! So etwas Lautes habe ich noch nie gehört. Es ist, als ob ein Düsenjäger im Tiefflug direkt über uns fliegt. Ich sehe einen der anderen Gäste vor Schreck einen Schritt zurückspringen. Und ganz ehrlich, ich bin auch erschrocken. Jemand tippt mich an und gibt mir Ohrenschützer. Schnell setze ich sie auf.

Hintereinander fahren die zwei Autos aus der Box und lassen eine eigenartige Leere zurück. Ich kann alles gut verfolgen, denn in unserer Ecke hängt ein großer Bildschirm. Die Ohrschützer sind offenbar Kopfhörer. Ich höre verschiedene Stimmen. Anfangs verstehe ich nicht so recht, worüber gesprochen wird, denn alles geht sehr schnell. Nach einiger Zeit schaffe ich es, die Stimmen zu unterscheiden, und begreife, was ich da höre: Es ist der Funkkanal des Teams. Jeder im Team trägt ein Headset mit Mikrofon, sodass alle permanent miteinander in Kontakt stehen. Und alles, was gesprochen wird, kann ich mithören. Selbst die Fahrer höre ich ab und zu etwas sagen. Das ist echt Wahnsinn. Ich hatte nicht im Traum gedacht, dass ich so dicht dran sein würde. Ich fühle mich außerordentlich privilegiert.

Auf dem Bildschirm sehe ich die Autos eine Runde auf der Rennstrecke fahren und dann an der Start/Ziel-Linie anhalten, wo Mechaniker die Autos für den Start klarmachen. Dann ziehen sich die Mechaniker zurück und die Autos starten zu einer Aufwärmrunde. Die Fahrer lenken ihre Autos in Schlangenlinien von links nach rechts über die Strecke. Das kenne ich aus dem Fernsehen. Damit sorgen sie dafür, dass die Reifen schon warm genug sind, ehe das Rennen beginnt. Warme Reifen haben nämlich mehr Bodenhaftung als kalte.

Nun geht es wirklich los. Die Autos formieren sich zur Startaufstellung. Eine Stimme sagt über Bordfunk: »*Last car is on the grid. Start in five seconds.*« Die Startlichter leuchten rot. Ich fühle, wie mein Puls beschleunigt, und versuche mir vorzustellen, welche Pulsfrequenz die Rennfahrer wohl gerade haben.

Die Lichter gehen aus und die Fahrer geben Vollgas. Was für ein Getöse! Ein Auto hat schon eine Menge Lärm gemacht, aber nun sind es zwanzig! Sie fahren mit hoher Geschwindigkeit auf die erste Kurve zu. Gänsehaut. Es geht rasend schnell. Erst in allerletzter Sekunde bremsen sie. Ich fühle meine Hände feucht werden. Oh! Eines der Autos von Faster Racing berührt einen anderen Rennwagen. Ein Stück vom vorderen Spoiler bricht ab. Im ersten Moment ist es mir gar nicht aufgefallen, aber auf dem Bildschirm in der Wiederholung kann man das Teil in Zeitlupe durch die Luft fliegen sehen.

Der Fahrer ruft über Bordfunk: »*Aarrgh, I've got damage on my front wing, please check the car.*« Es folgt ein kurzes: »*Copy that.*« Nach ungefähr zwanzig Sekunden kommt die Rückmeldung: »*This is the remote garage. Wing end plate broken. Car still safe to ride. But the data predicts this will slow us down by half-a-second per lap. We recommend replacing the front wing as soon as possible.*« Dann eine andere, souveräne Stimme: »*Affirmative.*« Kurze Zeit später höre ich einen Funkspruch an den Fahrer: »*Mark, box at the end oft this lap. Box box. Please confirm.*« Binnen einer Sekunde folgt die Antwort des Fahrers: »*Coming in.*«

Nur anderthalb Minuten nach dem Zwischenfall laufen zwanzig Mechaniker mit Helmen auf dem Kopf nach draußen. Sie haben vier neue Reifen und einen neuen Frontspoiler dabei. Sie müssen noch etwa fünfzehn Sekunden warten. Das Auto kommt zum Stillstand, die Reifen werden gewechselt und der beschädigte Spoiler entfernt. Wenige Sekunden später ist der neue Frontspoiler montiert. Der Fahrer bekommt grünes Licht und das Auto schießt davon. Alles in allem hat es keine zehn Sekunden stillgestanden. Deutlich zufrieden mit ihrer Leistung geben sich die Mechaniker gegenseitig High five.

Ich verfolge das Rennen mit offenem Mund und zusammengekniffenem Hintern. Es ist ein Mordsspektakel. Eine halbe Stunde später gibt es noch einen Boxenstopp, bei dem nur die Reifen gewechselt werden. Das geht wahnsinnig schnell. Innerhalb von zwei Sekunden sind sowohl die alten Reifen demontiert als auch die neuen montiert!

Ich muss sofort daran denken, wie das in meiner eigenen Werkstatt abläuft, wenn ich meine Winterreifen montieren lassen will. Nachdem ich mich am Schalter gemeldet habe, muss ich jedes Mal mindestens eine Stunde warten. Bis jetzt fand ich das normal, aber nachdem ich gesehen habe, wie es auch gehen kann, frage ich mich, was sie in dieser Stunde eigentlich machen. Grinsend stelle ich mir vor, wie es wäre, wenn auch das Montieren von Winterreifen in zwei Sekunden möglich wäre.

Was für eine geölte Maschine. Und was für ein Teamwork! Dutzende Menschen, die zur gleichen Zeit am selben Ziel arbeiten. Jeder weiß genau, was seine Aufgaben sind und wie sie ausgeführt werden müssen. Alles ist völlig klar. Keine Diskussionen oder ellenlangen Sitzungen. Und das Team ist auf das Ergebnis stolz.

Mit meinem Handy nehme ich die Fernsehwiederholung des Boxenstopps auf und schicke den Film mit einem zwinkernden Smiley an Wilma: »Wie wäre es, wenn wir genau so eine Küche ausliefern könnten? ;-)« Nur Sekunden später schreibt sie zurück: »Klar, Ronald. Du klingst jetzt schon wie Henk. Träum weiter! ;-)«

Keine halbe Stunde später ist das Rennen vorbei. Durch einige spektakuläre Überholmanöver ist es Mark vom Team Faster Racing gelungen, auf den vierten Platz zu fahren. Das ist eine außergewöhnliche Leistung, denn nach dem Boxenstopp in der ersten Runde war er Zwanzigster.

Nachbesprechung

Mark klettert aus seinem Rennwagen, zieht die Handschuhe aus und setzt den Helm ab. Der Schweiß läuft ihm in Strömen übers Gesicht. Einer der Mechaniker reicht ihm eine Flasche Wasser und er trinkt sie in einem Zug leer. Mir fällt Yvonnes Bemerkung ein, dass Autosport kein richtiger Sport ist. Wenn sie das jetzt sehen könnte, würde sie mir sicher zustimmen: Autorennen zu fahren ist wirklich ein anstrengender Job.

Mark geht zu seinen Mechanikern und gibt ihnen allen ein High five, um sich für ihren Einsatz zu bedanken. Er läuft durch die Box und kommt ganz in unsere Nähe. Es gelingt mir, ihn anzusprechen: »Hey Mark, Glückwunsch zum heutigen Ergebnis! Wie hast du es hinbekommen, trotz des Schadens beim Start doch als Vierter durchs Ziel zu fahren? Wie kommt es, dass du so schnell warst?«

Er schaut mich an, zögert kurz. Dann erscheint ein Lächeln auf seinem Gesicht: »Das ist eigentlich völlig logisch. Geschwindigkeit ist nur eine Frage einfacher physikalischer Zusammenhänge.« Das ist nicht die Antwort, die ich erwartet hatte. »Wie meinst du das?«, frage ich verblüfft. Mit schelmischem Ton fragt er: »Hast du schon mal was vom zweiten Newtonschen Gesetz gehört? Das sagt etwas ziemlich Schlaues über Beschleunigung.«

Ich denke nach. Die Newtonschen Gesetze. Hmm, es ist lange her, dass ich von denen gehört habe. Das war in der Oberschule. Ich hatte auch nicht damit gerechnet, von ihm eine Lektion in Physik zu hören. Ich stammle: »Äh, das weiß ich wirklich nicht mehr. Was hat es damit auf sich?«

Mark fährt fort: »Newtons zweites Gesetz besagt $F = m \times a$. Oder umgestellt nach der Beschleunigung: $a = F/m$: Beschleunigung ist gleich Kraft durch Masse. Die Masse versuchen wir so weit wie möglich zu verringern, denn: Je kleiner die Masse, desto größer die Beschleunigung. Deshalb hat unser Auto so wenig Masse wie nur möglich. Je leichter, desto schneller.

Aber, Achtung: Wir dürfen das Minimalgewicht nicht unterschreiten. Ist das Auto zu leicht, werden wir von der FIA disqualifiziert; von ihnen werden die Regeln so festgelegt, dass die Konkurrenz zwischen den Teams ehrlich bleibt. Dieses Minimalgewicht wird übrigens inklusive Fahrer berechnet. Deshalb werden wir auch immer vor und nach dem Rennen auf die Waage gestellt.«

Ich nicke. Ehrlich gesagt, fand ich das schon immer seltsam, wenn ich es im Fernsehen gesehen habe, aber es klingt völlig logisch. Deshalb werden die Rennfahrer auch mit Helm gewogen, denn auch der ist am Ende mit im Auto.

Mark erklärt weiter: »Um schneller zu werden, kann man also die Masse bis an die erlaubte Grenze reduzieren, aber auch genauso gut die Leistung des Motors erhöhen. Daher kommt es, dass es für unser Team wichtig ist, sowohl einen sehr zuverlässigen als auch einen sehr starken Motor zu haben. Im Augenblick hat unser Motor ungefähr 950 PS. Das ist wirklich viel, aber leider haben die anderen Teams einen noch stärkeren Motor. Man könnte meinen, wir sind deshalb chancenlos, aber dem ist nicht so, denn es gibt noch eine dritte Kraft, die entgegengesetzt zur Kraft des Motors wirkt, nämlich der Luftwiderstand. Wenn wir den verringern können, gewinnen wir dadurch wieder an Geschwindigkeit. Unser Team muss sich deshalb vor allem mit einem geringeren Luftwiderstand auseinandersetzen. Und darin sind wir im Laufe der Zeit richtig gut geworden. Aber wenn ich ganz ehrlich bin, als Rennfahrer würde ich schon gerne noch ein paar extra PS aus dem Motor rausholen, das kannst du mir glauben!«

Ich verstehe. Es geht also nicht nur um Teamtaktik, Zusammenarbeit und einen verdammt guten Fahrer. Am Ende entscheiden ganz einfache physikalische Zusammenhänge über Sieg oder Niederlage. Ich merke, dass Mark zum Ende kommen muss. Hinter ihm läuft schon eine Frau auf und ab, die ihn mitnehmen will. Doch Mark scheint es zu gefallen, mir diese Dinge zu erklären. Er fügt noch hinzu: »Jetzt denkst du vielleicht, du hast es. Aber das ist nicht alles, denn je leichter das Auto und je stärker der Motor, desto größer wird auch die Chance, dass du aus der Kurve fliegst. Ich brauche deshalb ausreichend Anpressdruck, um Bodenhaftung auf den Reifen zu behalten. Das wird *Downforce* genannt, und aus diesem Grund haben wir die Spoiler am Auto. Der Luftstrom drückt mich nach unten, sodass das Auto scheinbar an der Straße klebt. Es geht also um den richtigen Luftwiderstand. Niedrig genug, um auf den Geraden schnell zu sein, und hoch genug, um in den Kurven nicht die Bodenhaftung zu verlieren. Ich bremse so spät wie möglich, um keine Zeit zu verlieren. Und du kannst mir glauben, das war für mich anfangs verdammt unheimlich, mit 350 Stundenkilometern auf eine Kurve zuzurasen. Aber scharf bremsen muss sein, sonst fliegt man aus der Kurve. Das habe ich schon früher von meinem Vater gelernt, als ich noch Kart gefahren bin: Man muss im richtigen Moment die Geschwindigkeit reduzieren, um danach noch schneller fahren zu können!«

Dann muss er seinen weiteren Verpflichtungen nachkommen, doch nicht, ohne vorher noch hinzuzufügen: »Und wenn man die Physik unter Kontrolle hat, dann erst komme ich zum Zuge. Ich sorge dafür, dass das Auto in die richtige Richtung fährt – durch schnelle Reaktion und kontinuierliche Kurskorrekturen. Das ist meine Domäne. So, jetzt muss ich aber weiter, denn unsere Nachbesprechung beginnt gleich. Genieß noch den Rest des Tages!«

Ich bedanke mich bei ihm und brauche dann erst einmal einen Moment, um zu verarbeiten, was Mark so alles gesagt hat. Und ich bin mir nicht sicher, ob all die Sachen völlig normal oder aber super genial sind. Wahrscheinlich Letzteres. Und ich begreife, dass dieser Mark ein ziemlich patenter Bursche ist!

Von meinem Platz aus kann ich gerade so einen Blick in den Raum erhaschen, zu dem Mark gelaufen ist: eine Art Besprechungsraum mit langem Tisch, an dem etwa dreißig Leute mit Kopfhörern vor aufgeklappten Laptops sitzen. Klar, weil die Remote Garage aus der Ferne natürlich auch an der Besprechung teilnimmt. Mark setzt sich auf den freien Stuhl am Kopfende des Tisches. Cool, ich kann über mein Headset mithören, worüber gesprochen wird! In den folgenden Minuten höre ich, wie sie eine Checkliste durchgehen: »Wie fühlten sich die Bremsen an? Wie ging das Schalten? Wie war die Balance?« Auf Mark prasselt ein wahres Feuerwerk von Fragen ein. Wirklich jedes Element wird bis ins Detail mit dem gesamten Team besprochen. Bei den meisten Dingen, über die geredet wird, kann ich nicht folgen. Lauter Begriffe und Details, die mir nichts sagen. Und doch finde ich es ungeheuer spannend zuzuhören. Insbesondere, weil sie allem, was passiert ist, wirklich ernsthaft auf den Grund gehen.

Ich höre aufmerksam zu und vergesse die Zeit. Plötzlich bemerke ich, dass inzwischen anderthalb Stunden vergangen sind und es nicht so aussieht, als wären sie bald fertig. Ich beschließe, wieder zum Pavillon zu gehen. Im Restaurant lese ich, was auf der Speisekarte steht – ein Gericht verlockender als das andere. Also nochmal in aller Ruhe genießen, bevor ich morgen wieder komplett im Stress versinke.

Teamchef

Nach dem Dessert taucht der Teamchef von Faster Racing im Pavillon auf. Er heißt Edwin, ist vielleicht Mitte vierzig, hat glattes braunes Haar und ein struppiges Bärtchen. Ich habe mal gehört, dass er mit einem Popstar verheiratet ist, erinnere mich aber nicht genau, mit wem. Er geht beinahe zu jedem Tisch und begrüßt eine Menge Leute. Das Rennen ist vorbei, aber er hat offensichtlich noch immer zu tun: Es gibt viele Hände zu schütteln und er muss auf das eine oder andere Foto mit Gästen. Auch unser ehemaliger Bundespräsident macht schnell mit ihm ein Selfie. Bald darauf beginnt sich der Pavillon langsam zu leeren. Auch ich bin auf dem Weg nach draußen, doch dann sehe ich Edwin hinten an der Bar sitzen. Ich kann meine Neugier nicht zügeln und gehe auf ihn zu. Zögernd spreche ich ihn an: »Entschuldigung Ed, kann ich dich etwas fragen?«

Er gähnt kurz, dehnt sich in alle Richtungen und antwortet dann ganz munter: »Sicher. Was kann ich für dich tun?« Ich fahre fort: »Ich bin Ronald Verhulst und war während des Rennens bei euch in der Box.« Edwin schaut mich fragend an: »Ja, stimmt, jetzt erkenne ich dich. Wie ich gesehen habe, hast du sogar zwischen Rennen und Nachbesprechung noch eine Weile mit Mark geredet. So etwas macht er eigentlich nie. Normalerweise verschwindet Mark immer sofort im Besprechungsraum.«

Es freut mich zu hören, dass das etwas Besonderes war. So fühlte es sich für mich auch an. Es war also sogar Edwin aufgefallen. Ich frage: »Über mein Headset habe ich mir eure Nachbesprechung angehört und mir ist aufgefallen, dass sie fast noch länger dauert als das ganze Rennen. Warum verwendet ihr so viel Zeit darauf?«

Edwin schaut mich erstaunt an, als ob ich ihm gerade eine ziemlich dumme Frage gestellt habe. »Nun, das ist doch völlig logisch. Muss ich das wirklich erklären?« So etwas Ähnliches hatte Mark auch schon gesagt. »Äh, ja gerne, wenn's dir nichts ausmacht«, antworte ich.

Edwin gibt erst dem Barmann ein Zeichen, der sofort zu verstehen scheint, was er will. Dann sagt er: »Wenn du jeden Tag ein bisschen besser wirst, dann löst die Zeit all deine Probleme. Zudem machen das alle Rennteams so, denn wenn man nicht kontinuierlich besser wird, fährt man im Handumdrehen nur noch hinterher.« Ich schaue ihn fragend an.

»In der Nachbesprechung erörtern wir, was wir beim nächsten Mal besser machen können. Die Zeit, die wir dafür investieren, zahlt sich doppelt und dreifach aus. Und das ist noch nicht alles. Jedes Rennwochenende folgt einem festen Rhythmus mit insgesamt fünfzig Zeitpunkten, an denen wir über das Rennen reflektieren und daraus lernen.«

Fünfzig solcher Meetings an einem Wochenende? Das kann doch nicht wahr sein. Das ist ja noch viel schlimmer als all die Besprechungen, die ich jede Woche mit FCCG habe.

Der Barmann stellt ihm eine Flasche Limonade hin. Edwin nimmt einen Schluck und fährt fort: »Heute Nacht fahren wir mit der ganzen Mannschaft zur Rennstrecke in Italien. Das nächste Rennen ist schon am kommenden Wochenende. Uns bleiben also rund vier Tage, um ein verbessertes Auto zu bauen. Ich gehe davon aus, dass wir anhand der gesammelten Daten und der Dinge, die wir in der Nachbesprechung herausgefunden haben, ungefähr 750 kleine und große Verbesserungen vor dem nächsten Rennen umsetzen werden.«

Mir bleibt der Mund offen stehen. »So viel? 750?!? Wie kriegt ihr das nur so schnell hin?«

»Die Kunst besteht darin, die Cycle Time so kurz wie möglich zu halten. Das ist die Durchlaufzeit, die es von einer Idee bis zu einem funktionierenden, getesteten und verbesserten Bauteil braucht. Je schneller das geht, desto mehr Neuerungen können wir vor dem nächsten Rennen im Auto einbauen. Und darum geht es! Danach können wir in der Praxis erfahren, welche unserer Updates das Auto schneller machen. Deshalb ist das freie Training am Freitag für uns so ungeheuer wichtig. Dort lernen wir, was wirklich funktioniert und was noch nicht.«

Er klingt wie eine Art Management-Guru. Ich frage mich, ob ich mir Notizen machen sollte, habe aber weder Stift noch Papier zur Hand.

Edwin trinkt noch einen Schluck und spricht weiter: »Es ist von essenzieller Bedeutung, dass jeder im Werk weiß, worauf es ankommt. Deshalb gibt es bei uns jeden Montagmorgen ein Meeting für alle, in dem wir besprechen, was wir gelernt haben. Da sind wirklich alle dabei. Und weil danach jeder weiß, worauf es ankommt, läuft dann der Rest eigentlich von selbst.«

Fassungslos erwidere ich: »Von selbst? Mit tausend Leuten? In meinem Betrieb arbeiten gerade mal ein paar Hundert Menschen, aber da geht so gar nichts von selbst.«

Er trinkt seine Flasche leer und schweigt für einen Moment. Dann sagt er leise: »Ja, so war es bei uns auch erst. Vor ein paar Jahren lief es überhaupt nicht gut. Es gelang uns nicht einmal, beim Zieleinlauf unter die Top Ten zu kommen. Unser Sponsor wurde ungeduldig und begann, die Daumenschrauben anzuziehen. Ich hielt die Zügel fest in der Hand und übte beachtlichen Druck auf meine Mitarbeiter aus. Ich hatte überall das Sagen und sorgte dafür, dass sich keiner verdrücken konnte. Weil es nicht besser wurde, engagierte ich einen Renn-Consultant, dem ich die Verantwortung für das Analysieren und Verbessern der Prozesse übertrug. Dadurch wurde die Situation eigentlich nur noch schlimmer, denn er führte alle möglichen komplizierten Prozesse ein.«

Das kommt mir verdammt bekannt vor.

Dann beginnt Edwin zu flüstern: »Ich werde dir jetzt etwas verraten, was nicht viele Menschen wissen. Der Druck, der auf meinen Schultern lastete, wurde mir zu viel. Ich verlor den Überblick und konnte nicht mehr klar denken. Ich sah meine Frau und die Kinder immer seltener, wodurch der Rückhalt durch die Familie immer mehr schwand. Am Ende landete ich mit einer üblen Lungenentzündung im Krankenhaus.« Ich muss schlucken, denn es klingt fast so, als spräche er von mir. Im Krankenhaus zu landen, ist das Letzte, was ich will, doch mein Körper signalisiert mir, dass ich achtgeben muss. Ich frage: »Das ist heftig. Wie ging es weiter?«

»Nun, erst im Krankenhaus wurde mir klar«, fährt Edwin fort, »dass Beschleunigung eine Frage einfacher physikalischer Zusammenhänge ist.« Ich sage etwas vorwitzig: »Lass mich raten: Beschleunigung ist Kraft geteilt durch Masse?«

Seine Augen leuchten auf und er erwidert begeistert: »Ja, genau! Wie bist du jetzt da draufgekommen? Oder … ach, ich verstehe schon: Mark, oder? Hahaha, ja, ich habe gerade gestern noch mit ihm darüber gesprochen. Die

Newtonschen Gesetze bilden die wichtigste Basis für das Autorennen. Und genau wie ein Auto muss auch ein Rennteam leicht und beweglich sein. Es bleibt einfach keine Zeit für Bürokratie. Je weniger Masse in deiner Organisation steckt, desto einfacher ist es, sie zu beschleunigen. Ich sorge dafür, dass die Organisation schlank und leichtfüßig bleibt. Das erreichen wir unter anderem dadurch, dass wir in unserem wöchentlichen Meeting immer wieder die Frage stellen: Was hindert uns daran, unsere Arbeit machen zu können? So entdecken wir allerlei Dinge, die wir abschaffen oder vereinfachen können: überflüssige Prozeduren, sinnlos um Erlaubnis fragen zu müssen, Abstimmungsrunden, andere Besprechungen etc. All das wurde sicher einmal aus guten Gründen eingeführt, ist oft aber nicht mehr nötig. Oder wir können das Ziel dahinter auf viel einfachere Art erreichen. Wenn du etwas weglassen kannst, dann schaff es auch ab. Weniger ist wirklich mehr!«

Plötzlich muss ich wieder an das denken, was Mark, der Rennfahrer, gesagt hatte: einfache Physik. Masse macht träge. Weniger Masse macht also weniger träge. Weglassen, um schneller zu werden. Brillant! Ich neige eher dazu, Dinge hinzuzufügen, wenn der Laden nicht rundläuft. Es muss dann etwas passieren, also greife ich ein und wir führen Veränderungen durch. Aber meistens bedeutet das, etwas hinzuzufügen. Weglassen ist natürlich auch eine Möglichkeit, vielleicht sogar die bessere.

Wir unterhalten uns noch eine ganze Weile. Die Zeit scheint stillzustehen. Ich vergesse alles um mich herum. Außer über Masse reden wir auch über Kraft. Edwin erzählt begeistert: »Im Laufe der Jahre habe ich gelernt, dass man als Manager nie genug Kraft hat, um die gesamte Organisation ins Schlepptau zu nehmen. Klar, der natürliche Drang ist, alles wissen und entscheiden zu wollen und den Mitarbeitern zu sagen, was sie zu tun haben. Aber das ist nicht möglich, auch wenn man der klügste oder stärkste Mann auf Erden ist. In einer Organisation muss jeder mit anpacken und seinen Verstand gebrauchen. Das gelingt aber nur, wenn ich den Mut habe, meinen Mitarbeitern zu vertrauen. Also die kollektive Intelligenz nutze. Das schaffe ich, indem ich dafür sorge, dass jeder beteiligt ist, Verantwortung übernimmt und dementsprechend selbstständig handelt.«

Das klingt in meinen Ohren wie ein Märchen. Ich erwidere: »Mitarbeiter, die Verantwortung übernehmen und sich einbringen. Sie beteiligen sich zwar schon, sind aber in erster Linie mit sich selbst und ihrer Abteilung beschäftigt. Sie kümmern sich um ihren eigenen Kram und ihnen ist anscheinend egal, was wir mit dem Unternehmen zu erreichen versuchen. Seit Jahren bemühe ich mich, daran etwas zu ändern, aber irgendwie gelingt es mir nicht. Sie scheinen es nicht zu wollen.«

Er schaut mich wieder an, als wäre ich dumm: »Tja, eigentlich ist es ganz einfach, Ronald. Solange du weiter Mikromanagement betreibst, werden sich die Mitarbeiter einfach zurücklehnen. Wenn du engagierte Mitarbeiter willst, musst du sie nur einbeziehen!«

Ich überlege mir, dass das ein Spruch von Sepp Herberger[1] sein könnte. Oder einer für ein Kalenderblatt: »Wenn du engagierte Mitarbeiter willst, musst du sie nur einbeziehen.«

Edwin schaut auf seine Uhr und greift auf einmal hastig nach seiner Tasche. »Ich muss jetzt wirklich los«, sagt er. »Ich bin schon spät dran. Ich wünsche dir Erfolg, Ronnie! Und, das ist dir klar, oder: Beteiligen oder einbe*ziehen* passt nicht mit *Druck* zusammen!« Dann steht er auf und verlässt den Pavillon. Ich rufe ihm noch nach: »Ja, aber wie?«, doch er reagiert nicht mehr.

Ich starre auf die leere Limonadenflasche und sehe, dass auf der Theke eine Visitenkarte mit seiner Handynummer liegt. Die stecke ich schnell ein.

1. Josef »Sepp« Herberger (* 28. März 1897 † 28. April 1977), deutscher Fußballspieler und -trainer

Lieber umkehren …

Mir raucht der Kopf. Ich habe eine Menge gelernt und viele Anregungen erhalten. Das hätte ich nie erwartet, als ich heute Morgen hierher gefahren bin. Ob ich damit in der Praxis etwas anfangen kann, bleibt abzuwarten, aber es ist sicher keine schlechte Idee, ein paar Notizen zu machen.

Ich bitte den Barkeeper um einen doppelten Espresso und frage, ob er vielleicht Stift und Papier für mich hat. Ein Stift ist kein Problem, Papier hat er keins. Aber Servietten, sagt er. Stört mich nicht. Es gibt genug davon und man kann darauf schreiben.

Während ich langsam meinen Kaffee trinke, denke ich noch einmal über alles nach, was Mark und Edwin mir heute erzählt haben, und versuche, es kurz und knapp für mich zusammenzufassen:

- Beschleunigen durch weniger Masse oder mehr Kraft
- Leichtgewichtig organisieren: abschaffen oder vereinfachen
- Vertrauen geben und Menschen Verantwortung übernehmen lassen
- Geschwindigkeit rausnehmen, um die Richtung ändern zu können
- Sich in die richtige Richtung bewegen, schnell reagieren und kontinuierlich den Kurs korrigieren
- Sich jeden Tag verbessern, dann löst die Zeit alle Probleme
- Ein Meeting-Rhythmus, um zu reflektieren und zu lernen
- Durchlaufzeit von Idee zum Produkt verkürzen
- Jeder muss wissen, worauf es ankommt
- Kollektive Kraft und Intelligenz nutzen
- Engagierte Menschen, indem man sie einbezieht

Zufrieden schaue ich auf meine Liste. Es dauert eine Weile, bis ich verstehe, was das für unser Unternehmen bedeutet. Ich versuche mir auszumalen, was wir damit anfangen können. Was ist der erste Schritt? Als ich auf die ersten drei Punkte schaue, fällt auf einmal der Groschen. Die Prozesskoordinatoren sind eigentlich nur zusätzliche Masse, die wir hinzugefügt haben. Prozesskoordinatoren bauen keine Küchen zusammen. Warum sollte irgendetwas schneller werden durch mehr Koordination? Nach meinem Gespräch mit Henk hatte ich bereits Zweifel an diesem Vorgehen, doch diese Einsicht jetzt ist der Tropfen, der das Fass zum Überlaufen bringt.

Ich greife zum Telefon und rufe Pamela an. Obwohl Sonntagabend ist, nimmt sie sofort ab. Macht nichts, sagt sie, sie würde ja ohnehin noch arbeiten. Ich erkläre ihr, dass wir die Implementierung von Total Efficiency Management sofort stoppen und dass ich die Zusammenarbeit mit FCCG beenden will. Wir werden es mit eigenen Kräften angehen. Sie reagiert scharf, scheint aber auch nicht völlig überrascht. Sie erhebt die Stimme am Telefon, aber wirklich echt klingt es nicht. Sie versucht, mich zu überreden, noch ein paar Wochen weiterzumachen. Wir haben nämlich schon so viel Zeit investiert, dass es ihrer Meinung nach dumm wäre, gerade jetzt umzukehren. Sie sagt, dass wir es beinahe geschafft haben und ich nun kurz vor dem Ziel abspringe. Ich mache ihr klar, dass wir trotz allem aufhören werden.

Ich hatte schon durchgerechnet, wie viele zusätzliche Teilzeitkräfte ich von dem Geld einstellen kann, das ich ihr überweise. Für jeden Berater kann ich mindestens vier Fachkräfte einstellen. Und die bauen zumindest Küchen zusammen.

Das Gespräch mit Pamela endet abrupt. Sie sagt plötzlich: »Ich muss auflegen, Ronald. Ich muss in eine internationale Telefonkonferenz. Unsere Leute rufe ich sofort zurück, aber die Rechnung ist schon unterwegs. Alles Gute für dich.« Dann höre ich einen Klick und danach den Ton, der mir sagt, dass die Verbindung unterbrochen ist. So kann man doch nicht mit Kunden umgehen? Ich bin überzeugt davon, dass wir so etwas nie machen, einfach auflegen. Oder? Ich mache mir eine kurze Notiz, um das mal bei Laura zu prüfen. Dann schreibe ich eine E-Mail an das gesamte Unternehmen:

```
Von: Ronald
An: Alle
Betreff: Krisensitzung: Alle Mann an Deck

Liebe Kolleginnen und Kollegen,

ich hoffe, dass ihr ein gutes Wochenende gehabt habt.
Ich erwarte euch alle Montagmorgen um 9:00 Uhr in der Kantine zu
einer Krisensitzung. Wir ändern den Kurs.
Die Implementierung von Total Efficiency Management wird mit
sofortiger Wirkung gestoppt. Ich freue mich darauf, euch die neue
Herangehensweise zu erläutern.
Ich würde mich freuen, wenn ihr alle dabei seid!

Bis morgen
Ronald
```

Es ist schon ziemlich dunkel, als ich den Pavillon verlasse. Offenbar hat das Gespräch mit Edwin doch länger gedauert, als ich dachte. Seltsam, dass er sich so viel Zeit für mich genommen hat.

Irgendwie fühle ich mich auf eigenartige Weise erleichtert. Ich bin heiter. Ich habe Lust auf einen Neustart.

Der Parkplatz ist fast leer, doch der Prius wartet geduldig auf mich. Ich muss bei dem Gedanken an all die anderen VIP-Gäste mit ihren glänzenden Karossen grinsen. Ich steige ins Auto ein und schalte Musik an. Geräuschlos fahre ich zum Ausgang des Parkplatzes. Der freundliche Parkwächter von heute früh ist nicht mehr zu sehen.

Die Rückfahrt geht etwas zügiger voran als die Hinreise. Unterwegs überkommt mich ein Gefühl von Dankbarkeit, vor allem für die Geschichte von Edwin. Und ich bin Yvonne dankbar für alles, was sie mir in der letzten Zeit abgenommen hat, und dafür, wie sehr sie mich bedingungslos unterstützt. Das ist nicht selbstverständlich und etwas, wofür ich mich nicht oft genug bedanke. Ich kaufe unterwegs einen Strauß Blumen.

Kurz nach Mitternacht bin ich zu Hause. Die Blumen stelle ich in eine Vase auf den Küchentisch.

Ich steige die Treppe hoch ins Bad, um mir die Zähne zu putzen. Auf der Konsole über dem Waschbecken liegt ein leerer Streifen von Yvonnes Antibabypille. Ich werfe ihn, ohne nachzudenken, in den Abfalleimer.

Yvonne schläft schon. So leise wie möglich schlüpfe ich ins Bett. Sie scheint es nicht zu bemerken. Ich liege noch eine Weile wach und lasse diesen langen Tag mit seinen vielen Eindrücken noch einmal an mir vorbeiziehen.

Trotz meiner Müdigkeit bin ich sehr glücklich, dort gewesen zu sein. So ein Erlebnis vergisst man nie!

Teil IV
Neustart

Weekly

Sonntagnacht, mittlere Lieferzeit immer noch zehn Wochen

Die ganze Nacht über wälze ich mich hin und her. In meinem Kopf schwirren die Gedanken und ich komme nicht zur Ruhe. Ich denke die ganze Zeit an die Ereignisse des gestrigen Tages, an das Gespräch mit Teamchef Edwin und daran, was ich nachher im Meeting sagen werde. Stündlich schaue ich auf die Uhr. Als der Wecker auf fünf steht, stehe ich auf, um in die Firma zu fahren. Ich ziehe mich im Dunkeln leise an, um Yvonne nicht zu wecken.

Vor dem Firmengebäude steige ich aus dem Auto. Es ist kalt und stockdunkel. Der Parkplatz ist völlig leer. Mit meinem Schlüssel öffne ich das Rolltor und lege den Hauptschalter um. Die Leuchtstoffröhren springen an, geben aber erst nach etlichen Minuten ausreichend Licht.

In meinem Büro angekommen, öffne ich meinen Laptop und checke meine E-Mails. Puh ... 687 ungelesene Nachrichten. Und verrückterweise nur eine Reaktion auf meine E-Mail von gestern. Laura vom Kundenservice schreibt: »Schön, dass du das endlich einsiehst, Ronald. Die Berater haben sich nur mit uns und nicht mit dem Kunden beschäftigt. Ich hoffe, dass wir nun wieder unsere ganze Aufmerksamkeit darauf richten!«

Ich beginne, eine PowerPoint-Präsentation für das anstehende Meeting zu erstellen. Dazu habe ich richtig Lust. Die Zeit verfliegt, während ich daran arbeite. Als ich den vierten Espresso trinke, schaue ich auf meine Uhr. Ups, schon viertel vor neun! Eilig mache ich mich auf den Weg in Richtung Kantine.

Als ich ankomme, bin ich überrascht, dass sie noch fast leer ist. Lediglich Wilma sitzt in der Ecke an einem Tisch und tippt geschäftig auf ihrem Laptop. Sie schaut mich an und fragt mit leicht skeptischer Miene: »Na, war's schön in Belgien?«

Um fünf vor neun ist die Kantine gerade knapp halb voll. Mehr als die Hälfte der Mitarbeiter ist nicht gekommen. Obwohl ich die E-Mail erst gestern Abend verschickte, hoffte ich doch auf mehr Teilnehmer. Ich beschließe, noch einen Augenblick zu warten, ehe ich beginne. Mein Führungsteam ist glücklicherweise vollständig anwesend.

Ich beginne meine Rede: »Vielen Dank, dass ihr alle gekommen seid.« Einige Mitarbeiter schauen sich demonstrativ auf der Suche nach ihren Kollegen in der Runde um, und als sie die nicht finden, zucken sie nur mit den Schultern.

Ich zeige die erste Folie meiner Präsentation: »Inzwischen wissen wir alle, dass Total Efficiency Management für uns nicht funktioniert. Mithilfe der Unterstützung der Prozesskoordinatoren hat sich die Durchlaufzeit zwar etwas verbessert, aber das reicht bei Weitem nicht aus.« Die Folie zeigt eine Grafik zum Verlauf der Lieferzeit: von zwölf auf sechzehn und dann auf zehn Wochen. »Das Ziel ist«, sage ich, »die Lieferzeit wirklich auf vierzehn Tage zu reduzieren. Heute stehen wir bei zehn Wochen. Das sind siebzig Tage, und viel zu lang. Ist euch klar, wie groß die Herausforderung ist, vor der wir stehen?« Die Gruppe starrt mich schweigend an.

Überzeugt von meinem Plan, fahre ich fort: »Ich habe an diesem Wochenende intensiv darüber nachgedacht, wie es anders gehen kann. Wie ihr in meiner E-Mail bereits gelesen habt, habe ich mich entschieden, die Zusammenarbeit mit den Prozesskoordinatoren von FCCG sofort zu beenden. Stattdessen möchte ich zukünftig gern eure Überlegungen und Ideen einbeziehen. Ab jetzt packen wir es gemeinsam an. Ich weiß, dass andere Organisationen mit einem Meeting zu Wochenbeginn, sie nennen es »Weekly«, an dem alle Mitarbeiter verpflichtend teilnehmen, gute Erfahrungen gemacht haben. Deshalb will ich so etwas auch bei uns einführen. Ab heute kommen wir jeden Montagmorgen zusammen. Gibt es bis hierhin Fragen?«

Keiner sagt etwas. Haben sie vielleicht Angst, den Mund aufzumachen? Die drückende Stille verunsichert mich. Nach langem Warten meldet sich dann doch noch ein Mitarbeiter aus dem Kundenservice und sagt: »Ronald, ich kann mir die Frage nicht verkneifen: Wie kommst du darauf? Hast du ein neues Managementbuch gelesen?« Einige Mitarbeiter kichern leise.

Ich erwidere: »Nun, wenn du es genau wissen willst: Ich bin am Wochenende bei der Formel 1 gewesen und habe dort gesehen, wie es anders gehen kann.«

Er schaut mich stirnrunzelnd an und meint: »Pah, als ob wir ein Rennteam wären. Unser Unternehmen ist doch was völlig anderes. Wir bauen Küchen. Und das auch noch langsam. Welches Problem soll ein Meeting zu Wochenbeginn denn genau lösen? Das kostet uns nur Zeit. Und zwar Zeit, die uns dann für unsere eigentliche Arbeit fehlt. Die langen Lieferzeiten, das ist wirklich ein Problem des Managements. Ich finde, dass wir Mitarbeiter einfach unsere Arbeit erledigen sollten, und ihr, das Management, müsst auch euren Job machen. Ihr habt euch doch überlegt, dass es schneller gehen muss. Dann sagt uns doch einfach, wie! Ich kapiere wirklich nicht, was besser werden soll, wenn wir alle verpflichtet sind, zu diesem Meeting zu kommen.«

Es fühlt sich an, als ob ich mich mit meinem Vorschlag komplett lächerlich gemacht habe. Ich muss mir wirklich Mühe geben, meine Verärgerung zu unterdrücken. »Nun, weißt du, ich möchte, dass auch ihr engagiert seid und Verantwortung übernehmt. Es ist wirklich nicht nur das Management …«

Noch ehe ich meinen Satz beenden kann, ruft der Mitarbeiter vom Kundenservice erbost: »Meinst du das jetzt im Ernst? Ich schufte mich hier beinahe zu Tode, und dann sagst du, dass ich nicht engagiert bin? Vor Kurzem habe ich noch abendelang durchgearbeitet, weil unbedingt für das Töchterchen irgendeines Sternekoch-Promis eine Küche geliefert werden musste. Ich habe tagelang bis in die Nacht hinein Küchen aufgebaut und geliefert, obwohl das überhaupt nicht meine Arbeit ist. Ich arbeite schließlich im Kundenservice! Aber als dann die Party war, wurden wir nicht einmal eingeladen. Ja, du bist dabei gewesen. Und dein ganzes Managementteam. Und dann feiert und sauft ihr auf unsere Kosten. Mann, denk bloß noch mal nach über dein ›nicht engagiert‹ sein!« Dann verlässt er wütend die Kantine. Laura läuft ihm sofort hinterher.

Mist. Wie soll ich das nur wieder auf die Reihe kriegen? Es fühlt sich an, als ob die ganze Gruppe bereit ist, mich in Stücke zu reißen. Was sagte Edwin, der Teamchef, noch mal? »Einbe*ziehen* beginnt nicht mit *Druck*!« Mir wird deutlich, dass ich mit meinem Vorschlag recht viel Druck ausübe. Ich versuche einzulenken und spreche in ernstem Ton weiter: »Hört zu, ich weiß, dass die letzten Wochen sehr anstrengend gewesen sind. Für alle, und sicher auch für euch. Und ich begreife wirklich, dass ihr verdammt hart arbeitet. Das gilt für jeden. Ich weiß das wirklich zu schätzen. Und wenn ich das jetzt über die Party höre – da habt ihr sicher recht. Die hätten wir tatsächlich mit allen feiern sollen, nicht nur mit denen, die direkt mit dem Auftrag zu tun hatten. Beim nächsten Mal machen wir das anders. Das verspreche ich.«

Ich halte kurz inne, um zu schauen, ob es irgendwelche Reaktionen gibt, aber die bleiben aus. Die Gemüter scheinen sich wieder etwas zu beruhigen. Es sieht so aus, als ob meine Worte langsam besser bei jedem Einzelnen ankommen. Ich fahre fort: »Doch es geht nicht darum, härter zu arbeiten. Das ist nicht die Lösung. Wenn wir nur härter arbeiten, werden wir die Lieferzeit nie von zehn auf zwei Wochen verkürzen. Um das zu erreichen, müssen wir intelligenter arbeiten statt härter. Ich bin davon überzeugt, dass wir das nur dann schaffen, wenn alle mitdenken. Wir müssen unsere kollektive Intelligenz nutzen! Das heißt, wir vernetzen sozusagen unser Wissen. Nicht nur das meine oder das vom Managementteam. Nein, von uns allen! Also auch von dir, von dir und von dir!« Während ich das sage, zeige ich auf einige der Mitarbeiter.

»Ich will, dass wir uns bei jedem Meeting zu Wochenbeginn die Frage stellen, was uns daran hindert, schneller zu sein«, spreche ich weiter. »Wenn wir das jedes Mal tun, Woche für Woche, werden wir Schritt für Schritt schneller werden und uns verbessern. Deshalb möchte ich euch jetzt fragen: Wer hat eine konkrete Idee?«

»Ich wüsste da schon was!«, tönt es von hinten in der Kantine. Es ist jemand aus der Auslieferungsabteilung. »Ich würde mir wünschen, dass die in der Produktion künftig einfach etwas genauer arbeiten. Was mich behindert, ist nämlich, dass ich jedes Mal bei der Auslieferung an den Kunden bemerke, dass die Schränke nicht richtig passen. Ich versuche das dann vor Ort zu lösen, indem ich hier etwas kürze, dort eine Latte dazwischensetze usw. Aber oft geht das nicht. Manchmal muss ich die halbe Küche wieder abbauen und die Teile zurück in die Produktion geben, dass die dort ihren Fehler beheben können. Dann dauert es mindestens eine Woche, ehe die Schränke zurückkommen und ich die Arbeit abschließen kann.«

Nachdem nun ein konkreter Verbesserungsvorschlag geäußert wurde, fühle ich mich erleichtert und bin begeistert. Doch das ist nur von kurzer Dauer.

Von der anderen Seite der Kantine ruft einer der Schreiner aus der Produktion ziemlich aggressiv zurück: »Aber hallo! Wir kriegen die Maße von der Planungsabteilung und setzen das dann um. Wir arbeiten verdammt genau! Bis auf den Millimeter. Wenn die Küche nicht passt, dann musst du dich bei denen beschweren, und nicht bei uns!«

Vorne im Raum sehe ich eine Mitarbeiterin aus der Planungsabteilung rot anlaufen. Sie dreht sich zu dem Schreiner um und sagt in entschiedenem Ton: »Hör zu, wir arbeiten mit Standardmaßen, die wir mit euch abgestimmt haben! Daran kann es nicht liegen. Wir erhalten den Kundenauftrag vom Verkauf, und da steht genauestens drin, was der Kunde bestellt hat. Da läuft dann wohl was bei den Typen vom Verkauf schief.«

Einer der Verkäufer, deutlich als solcher an seinem Anzug und dem Gel im Haar zu erkennen, erwidert: »Alles klar. Gebt ruhig dem Verkauf die Schuld. Es liegt immer alles an uns. Na los, macht schon. Aber wem habt ihr es denn zu verdanken, dass ihr alle hier einen Job habt? Wer sorgt denn überhaupt für Arbeit in dieser Firma? Genau – wir! Also meckert mal munter weiter, Leute. Es liegt nicht an euch, sondern alles immer an uns!«

Ich schaue in Pauls Richtung und sehe, dass der zu Boden blickt und heftig den Kopf schüttelt. Offenbar steht es schlechter um uns, als ich dachte. Durch lautstarke Schuldzuweisungen zwischen den Abteilungen in der Kantine wird natürlich nichts besser. Und es ärgert mich maßlos, dass niemand für dieses Qualitätsproblem die Verantwortung übernimmt.

Ich unterbreche die Diskussion und sage etwas, was ich später sehr bereuen werde: »Jetzt reicht es aber! Derartige Fehler sind ab jetzt völlig inakzeptabel. Ich erwarte, dass noch heute genauestens untersucht wird, was die Ursache dafür ist. Ab dieser Woche dürfen derartige Fehler nicht mehr auftreten, ansonsten rollen hier Köpfe. Und ich will wissen, wer für dieses Problem verantwortlich ist.«

Danach herrscht in der Kantine wieder Stille. Eine unheimliche Stille. Ich beschließe, das Meeting schnell zu beenden: »So viel für heute. Ab an die Arbeit. Und – bis nächste Woche!«

Puh … Ob es bei Faster Racing beim Meeting zu Wochenbeginn auch so zugeht? Es hörte sich alles so gut an. Ich hatte nicht erwartet, dass ich auf so viel Widerstand stoßen würde. An diesem Wochenende habe ich erlebt, wie es gehen kann, wenn alles gut organisiert ist. Doch wie kommen wir dort hin? Eins weiß ich genau: So wie bisher kann es nicht weitergehen, denn dann gehe ich unter Umständen selbst daran kaputt, genau wie Edwin. Das werde ich ganz sicher nicht zulassen!

Als ich abends nach Hause komme, fällt mir Yvonne sofort um den Hals: »Wie lieb von dir, dass du Blumen gekauft hast, Ronald.« Beim Abendessen finden wir endlich Zeit, mal wieder ausführlich miteinander zu reden. Yvonne ist ziemlich neugierig darauf, was ich bei der Formel 1 so alles erlebt habe. Beim Begriff »Kollektive Intelligenz« horcht sie auf und die Ideen sprudeln nur so aus ihr heraus. Genau das war offenbar Thema ihres vorigen Schulungstags.

Ich spüre, dass wenig von dem, was Yvonne erzählt, bei mir ankommt, denn mein Kopf ist noch immer mit dem heutigen katastrophalen Weekly beschäftigt. Ich erzähle Yvonne, dass dieses Meeting absolut nicht nach Plan verlief. Sie erwidert mit einem Lächeln: »Ha, das erinnert mich an Mike Tysen, den Boxer, der einmal sagte: ›Jeder hat einen Plan, bis er eins in die Fresse bekommt!‹« Eins in die Fresse – ja, so fühlte es sich an.

Yvonne fragt mich, ob sie mir Feedback dazu geben kann. »Ja, klar«, erwidere ich, etwas überrascht, dass sie fragt. Ich habe schon bemerkt, dass ich als Geschäftsführer selten ehrliches, direktes Feedback von meinen Kollegen bekomme, also ist es immer schön, mich mit Yvonne als Sparringspartner auszutauschen.

Sie sagt, dass sie das Gefühl hat, dass ich wieder einmal in meine alte Falle getappt bin: Unter Druck agiere ich eher bestimmend und rechthaberisch. Aua ... das tut weh. Aber sie hat recht. Ich nehme mir vor, endlich mehr loszulassen und meinen Managern mehr Raum zu geben.

Es wird ein schöner und gemütlicher Abend. Yvonne beschließt, ihre Lehrbücher einfach mal Bücher sein zu lassen, und ich lasse meinen Laptop zu. Yvonne fängt auch nicht an, über Kinder zu sprechen. Das ist gut, denn oft endet dieses Thema doch mit gegenseitiger Verärgerung. Ich vergesse glatt zu fragen, wofür sie mein Auto eigentlich gebraucht hat, und Yvonne erzählt von selbst auch nichts.

Weiter verweisen

Dienstag

Am nächsten Morgen steht wieder unser wöchentliches Führungskräftemeeting an. Mir ist völlig klar, dass ich bei diesen Meetings als Geschäftsführer viel und häufig rede und so nicht immer Raum für die Ideen anderer ist. Das will ich jetzt ändern. Deshalb habe ich Yvonne gestern gefragt, ob sie eine Idee hat, wie ich das hinbekommen kann. Sie empfahl mir etwas, das sie in ihrer Ausbildung gelernt hatte: das Meeting mit einer sogenannten »Check-in-Runde« zu eröffnen.

Das geht wie folgt: Am Beginn eines Meetings beantwortet einer nach dem anderen die Frage: »Was beschäftigt dich gerade?« Es geht dabei nicht darum, einen langen Monolog zu halten oder Rechenschaft über laufende Projekte abzulegen. Nein, die Idee ist vielmehr, dass jeder kurz teilt, was ihn im Moment beschäftigt – mit dem Ziel, die Aufmerksamkeit anschließend besser auf das Meeting richten zu können. Das kann sich auf die Arbeit beziehen, genauso gut aber auch etwas Privates sein, beispielsweise: »Ich habe furchtbare Kopfschmerzen, deshalb könnte ich heute etwas reizbarer sein als sonst« oder: »Ich habe gestern die Schlüssel für unser neues Haus bekommen. Ich bin darüber sehr glücklich, aber auch etwas abgelenkt, weil mich beschäftigt, wie ich das mit dem Umzug hinbekomme.«

Während jemand etwas erzählt, hören die anderen zu. Dabei soll nicht genauer auf das eingegangen werden, was geteilt wird. Yvonne sagte, dass man sich menschlich näherkommt, wenn jeder für einen Moment etwas sagt. Das erhöht die Qualität des Meetings und die Gruppe erwirbt ein »geteiltes Bewusstsein«. Sie verglich das mit »dem Stimmen der Instrumente eines Orchesters vor dem Konzert«.

Ich starte die Check-in-Runde mit den Worten: »Mich beschäftigt gerade, dass ich es kaum erwarten kann, euch zu erzählen, was ich an diesem Wochenende bei der Formel 1 erlebt habe, um dann gemeinsam mit euch damit loszulegen. Daneben ärgere ich mich immer noch ungemein darüber, wie das Meeting gestern Morgen verlaufen ist.«

So geht es in der Runde weiter. Wir bekommen einen Einblick in die Gedanken der andern. Ich höre Dinge, von denen ich keine Ahnung hatte. So sind Wilma und Theo immer noch dabei, meine Entscheidung, das Prozesskoordinationsprogramm zu stoppen, zu verdauen und herauszufinden, was das für ihre Abteilungen bedeutet. Das gemeinsame Offsite-Meeting und die Implementierung von Total Efficiency Management fühlten sich nämlich gut an: Es vermittelte ein Gefühl von Steuerung und Transparenz, basierend auf einer Methode. Nachdem das nun wieder abgeschafft ist, herrscht Unsicherheit.

Paul sagt während des Check-ins, dass er eigentlich sehr froh und glücklich sein müsste, dass in den Showrooms so viel verkauft wird, er sich aber den Kopf darüber zerbricht, wie er seinen Verkäufern vermitteln kann, gerade jetzt nicht wie blöd Küchen zu verkaufen. Denn noch mehr Aufträge, das hat er jetzt verstanden, machen das Problem nur noch größer. Laura äußert, dass sie sich Sorgen über die Moral in ihrer Abteilung macht. Die war schon vorher aufgrund der vielen Kundenbeschwerden schlecht, doch die Eskalation während des gestrigen Meetings hat alles noch verstärkt.

Danach gebe ich dem Team einen kurzen Abriss meiner Eindrücke vom letzten Wochenende. Ich erzähle ihnen, was mir im Formel-1-Zirkus aufgefallen ist. Die Serviette mit meinen Aufzeichnungen hilft mir dabei. Ich erkläre, was Teamchef Edwin über das Meeting zu Beginn der Woche erzählt hat und wie wichtig es für ihn ist, um jeden mitzunehmen und alle auf das Wesentlichste zu fokussieren. Meine Abteilungsleiter stehen der Idee eines solchen Meetings durchaus positiv gegenüber, auch wenn das erste gestern dramatisch verlief. Wir entscheiden, es einfach ein paar Mal zu probieren, um zu sehen, wie es sich so entwickelt.

Die Stimmung ist gut und es gibt viel gegenseitiges Verständnis. Bis ich Wilma, verantwortlich für die Auslieferung, frage, wie denn nun die Situation rund um die Schränke, die ständig nicht passen, aussieht. Sie schaut erschrocken von ihrem Laptop auf und sagt: »Nun, ich habe einiges recherchiert. Es gibt da eine Menge Probleme. Zwischen uns und der Produktionsabteilung geht viel hin und her, aber das ist nicht der Punkt. Es liegt auch nicht an der Planung. Für mich ist völlig klar, woher das Problem rührt: Der Verkauf macht das Aufmaß der Küche in letzter Zeit nicht mehr direkt vor Ort beim Kunden.«

Ich bin überrascht und schaue Paul an. Der erwidert, sichtlich verärgert: »Ja, das stimmt, früher fuhren unsere Verkäufer und Verkäuferinnen für das Aufmaß direkt zum Kunden. Aber das kostete uns wirklich zu viel Kapazität. Wir stellten fest, dass potenzielle Kunden den Verkaufsraum wieder verließen, weil sie zu lange auf einen verfügbaren Verkäufer warten mussten. Deshalb haben wir damals unseren Prozess angepasst und bitten nun den Kunden, ein Foto von dem Raum mitzubringen, in den die Küche eingebaut werden soll, und die Maße selbst aufzunehmen. Diese übernehmen wir dann im Showroom grob, um danach schnell den Vertrag abzuschließen. So geht das viel schneller, und darum geht es doch, oder?«

Wilma, Theo und Laura seufzen laut. Doch ich erwidere munter: »Super, dass wir nun wissen, woran es liegt. Betrachten wir das Ganze doch positiv: Nachdem wir wissen, was das Problem ist, können wir es auch lösen. Paul, könnt ihr nicht einfach wieder wie früher beim Kunden das Aufmaß nehmen? Damit sind sofort auch alle deine anderen Probleme gelöst. Du hast beim Check-in gesagt, dass deine Verkäufer eigentlich zu viel verkaufen. Also, aus meiner Sicht ist das dann die naheliegende Lösung!«

Ehe Paul etwas erwidern kann, fällt mir Theo ins Wort: »Es muss aber technisch wirklich richtig gemacht werden. Verkäufer können doch eigentlich gar nicht das Aufmaß nehmen?«

»Ja, Theo, das stimmt«, sagt Paul. »Meine Verkäufer sind dafür gar nicht ausgebildet. Sie wollen einfach nur Aufträge generieren. Und am Ende des Tages ist es genau das, wonach die Abteilung beurteilt wird!«

Laura verdreht die Augen: »Es wäre sogar schon besser, wenn ihr einfach ein paar Aufträge weniger abschließen würdet. Wir kommen mit all den neuen Aufträgen doch sowieso nicht klar!«

Ich habe nicht das Gefühl, dass wir einer Lösung näher kommen. Ich frage Wilma: »Kann deine Abteilung denn nicht das Aufmaß übernehmen? So erlebt ihr später weniger unerfreuliche Überraschungen, wenn die Küchen ausgeliefert werden, dann habt ihr es selbst in der Hand.«

Wilma erwidert überrascht: »Müssen wir das wirklich auch noch machen? Nein, wir haben alle Hände voll zu tun. Für das Aufmaß einmal extra zum Kunden zu fahren, kostet sicher einen halben Tag, und über die Kapazität verfügen wir im Moment einfach nicht.«

Ich schaue Theo an: »Und wenn ihr das machen würdet? Ihr habt auf jeden Fall das entsprechende Know-how, um es ordentlich zu machen.«

Theo erwidert so schnell, als hätte er seine Antwort einstudiert: »Nein, der Verkauf schließt die Verträge, also müssen sie auch mit dem Kunden die richtigen Maße abstimmen. Demnächst sind wir dann Schuld, wenn etwas schiefgeht.«

Laura fällt ihm ins Wort: »Außerdem lösen wir damit nicht unser derzeit größtes Problem. Das Problem ist, dass wir zu viel verkaufen! Und als Folge davon landet der ganze Unmut der Kunden bei uns.«

Wir kommen keinen Schritt voran. Einer verweist auf den anderen. Und es will mir einfach nicht in den Kopf, dass das größte Problem unserer Firma sein soll, dass wir zu viel verkaufen. Das ist doch kein Problem? Eine Firma, die ein Problem damit hat, dass die Kunden zu viel kaufen wollen – die hat doch ein Luxusproblem. Wenn wir zu wenig verkaufen würden, dann hätten wir wirklich ein Problem!

Ich sage zynisch: »Okay, dann werde ich gleich mal Henk anrufen, um ihm zu sagen, dass wir wissen, worin das Problem liegt. Unsere Firma läuft schlecht, weil wir zu viel verkaufen! Also Leute, können wir bitte damit aufhören? Das ist doch völliger Blödsinn!« Ich versuche es noch einmal: »Was wäre wirklich eine Lösung?«

Schweigen. Es sieht so aus, als ob alle darauf warten, dass ich den Knoten durchschneide und eine Entscheidung treffe. Das mache ich nämlich immer, wenn wir nicht weiterkommen. Aber ich will, dass sie jetzt selbst Verantwortung übernehmen. Was muss ich dafür tun? Sollen wir abstimmen und die Mehrheit beschließen lassen? Das würde auch nicht funktionieren, denn es will sowieso jeder etwas anderes. Ich durchbreche die Stille und sage: »Wir können über dieses Thema sicher noch Stunden reden, aber die Zeit rennt uns davon.«

Paul steht auf, schaut auf seine teure Schweizer Uhr und entgegnet forsch: »Schlimmer noch, die Stunde ist schon lange um. Ich muss zu einem Neukunden, der eine große, maßgeschneiderte Küche bestellen will. Viel Erfolg und bis nächste Woche dann!« Danach gehen die anderen auch. Am Ende sitze ich allein zwischen halbvollen Kaffeetassen in einem leeren Besprechungsraum.

Frustriert laufe ich zu meinem Büro und schließe hinter mir die Tür. In Gedanken versunken versuche ich mir vorzustellen, was Teamchef Edwin in dieser Situation machen würde. Aber – warum frage ich ihn nicht einfach? Ich hole seine Visitenkarte hervor und rufe ihn an. Doch leider erreiche ich nur seinen Anrufbeantworter.

Ich hinterlasse eine Nachricht: »Hallo Edwin, hier ist Ronald. Ich hoffe, du erinnerst dich noch an mich. Wir haben uns letztes Wochenende bei der Formel 1 getroffen. Und ich möchte mich nochmals sehr für das so lehrreiche Gespräch mit dir an der Bar bedanken. Nun, ich versuche gerade, das alles umzusetzen und meine Leute in Entscheidungen einzubeziehen, aber es funktioniert nicht. Es scheint, als ob sie keine Verantwortung für die Situation übernehmen wollen. Das Lernen aus Fehlern funktioniert auch noch nicht richtig. Hast du Tipps oder Ideen, wie ich es ihnen verständlich machen kann?«

Dann nehme ich mir einen Moment Zeit, um zu reflektieren, und lese meine Notizen vom Formel-1-Wochenende noch einmal durch. Auf einmal wird mir mein nächster Schritt klar. Ich öffne meinen Laptop und beginne zu schreiben:

Von: Ronald
An: Alle
Betreff: Freitag Auswertung und Montag ALLE Mann an Deck

Liebe Kolleginnen und Kollegen,

gestern früh waren nicht alle beim Meeting zu Beginn der Woche anwesend. Weil das Meeting erst spät angekündigt wurde, kann ich das verstehen, doch kommenden Montag um 9:00 Uhr erwarte ich wirklich jeden.

Um diese Krise zu meistern, müssen wir uns alle für die Verbesserung unserer Prozesse engagieren. Deshalb bitte ich euch nachdrücklich, euch zur Vorbereitung des Meetings jeweils am Freitag in eurer Abteilung zu treffen und gemeinsam über die folgenden Fragen nachzudenken:

- Was hindert uns daran, schneller zu werden?
- Wenn du einen Zauberstab hättest und du *eine* Sache an unserer Arbeitsweise verändern könntest, welche wäre das?
- Was würdest du tun, wenn das deine Firma wäre?

Während des Meetings am Montagmorgen werden wir die Antworten besprechen. Ich rechne mit eurer Teilnahme!

Bis Montag
Ronald

Ein Entscheidungsbaum

Sonntagnachmittag

Heute schaue ich mir das Formel-1-Rennen in Italien an. Wenn man das Rennen verfolgt, merkt man sehr wenig von dem, was hinter den Kulissen abläuft. Was sagte Edwin nochmal? 750 Verbesserungen pro Rennen? Wie wenig Fortschritt hat es dagegen bei uns gegeben.

»Ronald!«, ruft Yvonne. »An der Tür ist ein Kurier, der deine Unterschrift braucht.« Hmm, was kann das denn sein? Ich gehe zur Tür und kritzele meine Unterschrift mit einem Plastikstift auf ein Display. Der Kurier überreicht mir einen großen, gelben Umschlag mit einer Lasche, an der man ihn direkt aufreißen kann. Als Erstes ziehe ich eine Ansichtskarte heraus. Das Foto zeigt die Rennstrecke von Francorchamps. Auf der Rückseite steht nur ein Satz: »Durch Handeln lernt man mehr als durch Denken!« Kein Name darunter, nichts. In dem Umschlag ist aber noch mehr: eine Seite, die aussieht, als hätte sie jemand aus einem Buch gerissen. Darauf befindet sich eine Art Ablaufplan. Nein, eigentlich ist es eher ein Entscheidungsbaum.

Auch auf dem Umschlag steht kein Absender. Sehr merkwürdig. Wer schickt mir diese Informationen? Und warum? Könnte mir das Edwin als Reaktion auf meinen Anruf geschickt haben? Cool! Ich schaue mir die Seite aufmerksam an. Was ich da lese, widerspricht auf den ersten Blick völlig meinen eigenen Überzeugungen. Wenn Menschen sich nicht trauen, Fehler zu machen, dann liegt es an mir als Führungskraft? Pah … was für ein Quatsch! Das wäre ja noch schöner. Einer meiner Mitarbeiter macht einen Fehler, und dann ist es meine Schuld? Nun, dann liegen alle Fehler in unserem Unternehmen sicher auch an mir?

»Ein Fehler ist erst dann ein Fehler, wenn man nichts daraus lernt«, steht da noch. Das klingt bekannt. »Fügen Sie das Lernen in Ihren Rhythmus ein.« Damit haben wir schon angefangen: Freitags suchen die Abteilungen nach Verbesserungspotenzialen und montags werden die Erkenntnisse mit allen geteilt. »Entscheiden Mitarbeiter eigenverantwortlich, ohne zuvor um Erlaubnis zu fragen?« Nein, das nicht, denke ich. Ich lese weiter, dass geraten wird, Entscheidungsbefugnisse festzulegen – vermutlich, damit keine Genehmigung mehr eingeholt werden muss. Das klingt ziemlich logisch. Ich frage mich, ob jeder unserer Mitarbeiter eigentlich weiß, worüber er allein entscheiden darf. Schlimmer noch, ich fürchte, dass selbst mein Führungsteam das nicht weiß. Deshalb bitten sie mich auch regelmäßig um Zustimmung, manchmal zu den einfachsten Dingen. So habe ich darüber noch nie nachgedacht. Wirklich interessant.

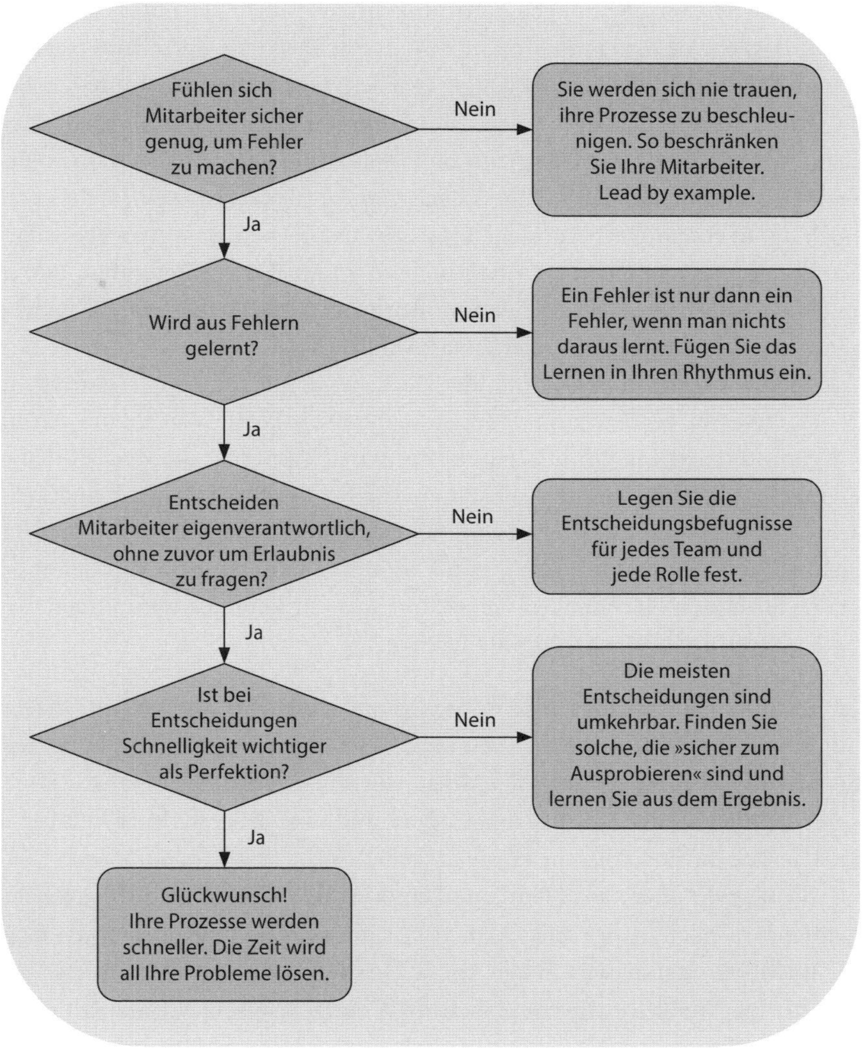
Fühlen sich Mitarbeiter sicher genug, um Fehler zu machen?
Nein
Sie werden sich nie trauen, ihre Prozesse zu beschleunigen. So beschränken Sie Ihre Mitarbeiter. Lead by example.
Ja
Wird aus Fehlern gelernt?
Nein
Ein Fehler ist nur dann ein Fehler, wenn man nichts daraus lernt. Fügen Sie das Lernen in Ihren Rhythmus ein.
Ja
Entscheiden Mitarbeiter eigenverantwortlich, ohne zuvor um Erlaubnis zu fragen?
Nein
Legen Sie die Entscheidungsbefugnisse für jedes Team und jede Rolle fest.
Ja
Ist bei Entscheidungen Schnelligkeit wichtiger als Perfektion?
Nein
Die meisten Entscheidungen sind umkehrbar. Finden Sie solche, die »sicher zum Ausprobieren« sind und lernen Sie aus dem Ergebnis.
Ja
Glückwunsch! Ihre Prozesse werden schneller. Die Zeit wird all Ihre Probleme lösen.

»Die meisten Entscheidungen sind umkehrbar«, steht da unter anderem. Wow, das ist eine Erkenntnis! Man kann tatsächlich eine Entscheidung treffen und sie später wieder rückgängig machen. Dann müssen wir auch nicht so viel Aufhebens darum machen. Und wenn es zudem in Ordnung ist, dass man zwischendurch Fehler macht, dann kann man eine Menge daraus lernen. Die Entscheidungen sollen »sicher zum Ausprobieren« sein, steht auch noch da. In einem Werbespot wie Henk zu versprechen, dass man etwas liefern kann, was man noch nie zuvor in der Art und Weise geliefert hat, klingt in jedem Fall nicht nach »sicher zum Ausprobieren«. Besser wäre es gewesen, zuvor ein Pilotprojekt oder etwas Ähnliches zu starten.

Schnell reagieren und kontinuierlich den Kurs korrigieren – hatte nicht Mark etwas in der Art gesagt? Ich erkenne auch Worte von Edwin darin: »Wenn du jeden Tag ein bisschen besser wirst, dann löst die Zeit all deine Probleme.« Ist dieses Blatt vielleicht eine Seite aus dem internen Handbuch von Faster Racing? Ich drehe es um und schaue auf die Rückseite, aber da steht nichts. Keine Ahnung, wo es herkommt. Doch in jedem Fall liefert es genug Stoff zum Nachdenken. Diese Erkenntnisse kann ich gut morgen mit in das Meeting zu Wochenbeginn nehmen.

Ich zeige Yvonne das Blatt. »Sehr interessant!«, sagt sie. »Das könnte direkt aus einem meiner Lehrbücher stammen. Es klingt wie eine Mischung aus Soziokratie und Holacracy.« Es klingt, als würde sie auf einmal Russisch sprechen. Ich schaue sie stirnrunzelnd an und sage scherzhaft: »Du klingst jetzt gerade auch ein bisschen *holy-crazy*!«

Sie reagiert unerwartet heftig und emotional: »Machst du dich vielleicht gerade über mich lustig? Alles klar, lass es gut sein. Könnte ja sein, dass ich dir noch bei irgendetwas helfen kann. Du bist ja nur noch mit dir selbst beschäftigt. Weißt du was: Setz dich doch einfach wieder vor die Glotze!« Wütend läuft sie davon.

Ich bin von diesem plötzlichen Ausbruch völlig verblüfft. Wo kam das denn her? Ich habe doch nur einen Scherz gemacht?

Erst da dringen die Fernsehgeräusche wieder zu mir durch. Mist, ich habe das gesamte Rennen verpasst. Schnell setze ich mich wieder vor den Fernseher. Die Rennfahrer duschen sich gerade in Champagner. Wie es aussieht, ist Mark Dritter geworden.

Hände

Montagmorgen

Es ist neun Uhr, Zeit für das Weekly. Dieses Mal habe ich keine Folien vorbereitet. Ich schiebe ein großes Whiteboard in die Kantine. Der Raum ist gut gefüllt. Das ist erfreulich. »Guten Morgen zusammen, hattet ihr ein schönes Wochenende?« Stille. »Wirklich nicht? Ich schon!«, sage ich fröhlich. »Gut, fangen wir an. Letztes Mal habe ich darüber gesprochen, dass ich euch gerne stärker einbeziehen möchte, sodass wir gemeinsam nach Lösungswegen suchen können. Ich habe an diesem Wochenende noch einmal gründlich darüber nachgedacht und möchte mit euch drei Prinzipien teilen, von denen ich denke, dass sie uns helfen können.«

Ich beginne, auf dem Whiteboard zu schreiben, und erläutere ein Prinzip nach dem anderen:

1. Wenn wir versuchen, schneller zu werden, werden wir mehr Fehler machen.
2. Aus Fehlern zu lernen ist wichtiger, als den Schuldigen zu finden.
3. Schnelligkeit ist wichtiger als Perfektion.

Bei den Kollegen, die vorne stehen, blicke ich in fragende Gesichter. Ich fahre dennoch fort: »Ich will selbst gern mit gutem Beispiel vorangehen und erzählen, was der größte Fehler war, der mir in der vergangenen Woche unterlaufen ist.«

Ich zögere kurz, ehe ich weiterspreche. Was, wenn sie mich demnächst für einen Schwächling halten? Am Ende kommt es doch über meine Lippen: »Während unseres letzten Meetings habe ich ziemlich verärgert reagiert, als ich hörte, dass in der Auslieferung immer Schränke ankommen, die nicht passen. Ich sagte damals, dass Köpfe rollen werden. Das hätte ich wirklich nicht tun sollen und dafür möchte ich mich entschuldigen. Natürlich bin ich auch nur ein Mensch und mache deshalb auch Fehler, aber dennoch ... In diesem Unternehmen wird niemand wegen eines Fehlers entlassen. Niemals! Fehler sind wichtig, um daraus zu lernen. Und je schneller wir Fehler machen, desto schneller können wir lernen. Das ist entscheidend! Ich habe mir vorgenommen, beim nächsten Mal zunächst einmal näher nachzufragen, ohne jegliche Wertung. Und helft mir bitte, mich daran zu erinnern, wenn ich jemals wieder so etwas Dummes sage!«

Alle schauen mich völlig verblüfft an, doch niemand sagt etwas. Also fahre ich fort: »Habt ihr am Freitag in den Teams zusammengesessen, um zu besprechen, wie die vergangene Woche gelaufen ist? Und was wäre ein Weg, um schneller zu werden?« Einige Köpfe nicken. »Gut, wer möchte etwas sagen?«

Paul »der Aal« hebt als Erster die Hand. Ich frage: »Also, Paul, was würdest du anders machen, wenn das dein Unternehmen wäre? Was würdest du verändern?« Paul erwidert: »Nun, ich habe mit dem Vertriebsteam am Freitag vereinbart, dass wir die Auftragsformulare in Zukunft sofort einscannen, sobald der Kunde unterschrieben hat, denn bisher ging doch mal eins verloren. Dann rief der Kunde zwar nach etwa zwei Wochen an, aber das war ja dann schon Teil der Lieferzeit. So was geht natürlich gar nicht! Deshalb versenden wir die Auftragsformulare nun sofort per E-Mail, sodass es nicht mehr passiert, dass eines verschlampt wird. Eine Bestellung ist erst dann eine Bestellung, wenn sie an die Planungsabteilung gemailt wurde!«

»Sehr gut, Paul«, erwidere ich. »Möchte noch jemand etwas sagen?«

Einige weitere Verbesserungen werden vorgestellt, manche durch ein Mitglied des Führungsteams, andere aber auch von Mitarbeitern aus den Abteilungen selbst. So berichtet ein Mitarbeiter aus dem Kundenservice, dass sie ein paar neue Headsets bestellt haben, weil mit den alten hin und wieder die Verbindung abbrach – was sehr irritierend war sowohl für den Kunden als auch den Mitarbeiter.

Mir fällt auf, dass aus der Produktion, aus Theos Abteilung, nichts kommt. Deshalb spreche ich Theo direkt an: »Und wie sieht es in der Produktion aus?« Theo schüttelt den Kopf zum Zeichen, dass sie nichts haben. Doch hinter ihm hebt ein Mann in blauem Overall und mit einem Bleistift hinterm Ohr die Hand und beginnt zu sprechen. Er sagt frustriert: »Ich werde mit all den Regeln in unserer Abteilung noch komplett verrückt. Formulare. Prozesse. Die Zettel von der Planungsabteilung sind die schlimmsten. Ich hab dem Chef schon oft gesagt, dass wir das abschaffen sollten, damit die Arbeit schneller erledigt werden kann, aber es passiert einfach nichts.«

Theo »die Säge« schaut sich um. Das war wohl nicht abgestimmt. Paul, der neben dem Vertrieb auch für die Planungsabteilung verantwortlich ist, sieht ebenfalls überrascht aus. Mir wird bewusst, dass jetzt genau das passiert, was ich will: dass die Mitarbeiter ihre Sorgen und Verbesserungsvorschläge äußern können, ohne dass sie von den Führungskräften gleich vom Tisch gewischt werden.

»Vielen Dank für deine Wortmeldung«, rufe ich begeistert. »Ich würde gerne später mehr darüber erfahren und gemeinsam mit dir überlegen, ob wir dafür eine Lösung finden können. Kannst du im Anschluss noch kurz hierbleiben?« Der Schreiner nickt.

Ich habe das Gefühl, dass wir für heute fertig sind, und frage abschließend: »Noch jemand etwas?« Es bleibt still. »Okay, dann bis nächste Woche.«

Der Raum leert sich. Der Schreiner, Paul und Theo sind noch da. Ich gebe dem Schreiner die Hand: »Hallo, wie war noch mal dein Name?« Sein Händedruck ist kräftig, er zerdrückt mir beinahe die Hand. »Hallo Chef, ich bin Nelson.«

Theo und Paul stehen etwas unbehaglich daneben und scheinen sich gegen das, was nun kommen könnte, zu wappnen. Anscheinend haben sie Angst, dass ich ihnen einen Rüffel verpassen werde, aber das ist ganz und gar nicht meine Absicht. Ich frage: »Also, Nelson, erzähl mal. Was müsste sich deiner Ansicht nach verändern?«

Nelson seufzt tief und spricht dann, als wären Theo und Paul gar nicht anwesend: »Wir werden hier wie Kinder behandelt, nicht wie Fachkräfte. Ich gebe mal ein Beispiel. Wenn ich ein Paar neue Handschuhe brauche und bestellen möchte, muss ich vorher die Zustimmung vom Chef einholen. Ich muss also erst einen Termin mit ihm vereinbaren, an dem er Zeit für mich hat. Doch er sitzt ständig in Besprechungen, und einfach mal so in sein Büro reinlaufen geht auch nicht. Oft vergehen dann ein bis zwei Tage, bis er endlich Zeit für mich hat. Er gibt mir dann einen Zettel, mit dem ich in die Planungsabteilung muss. Die kümmern sich anscheinend um den Einkauf von neuem Material. Und wenn mal die Unterschrift vom Chef auf dem Zettel fehlt, schicken sie mich wieder weg. Das ist ein bisschen wie früher, als ich mit einem Zettel von meinen Eltern zum Rektorat musste, um mich in der Schule abzumelden. … Ich will ganz ehrlich sein: Heute unterschreibe ich manchmal einfach mit meinem eigenen Namen. Sie schauen ja doch nicht so genau hin, solange ich einen Zettel mit einer krakeligen Unterschrift drauf vorlege.«

Nelson fährt fort: »Wenn dann alles in Ordnung ist, holen sie die Handschuhe aus dem Vorratsschrank. Der ist voller Zeug, das wir nicht brauchen, und das, was wir wirklich brauchen, ist immer gerade aus. Das muss dann bestellt werden. Und weil sie so lange sammeln, bis sie genügend für eine richtig große Bestellung ohne Versandkosten zusammenhaben, bekomme ich, wenn es schlecht läuft, meine Handschuhe erst zwei Wochen später.«

Ich schaue Paul fragend an. Der sagt: »Ronald, das ist der Prozess, den wir im letzten Jahr eingeführt haben, als du uns beauftragt hast, die Kosten zu senken. Seither haben wir ein Umsatzziel, das wir nur erreichen können, wenn wir die Vorräte klein halten und Versandkosten einsparen. Und die Verantwortung, Sachen zu bestellen, liegt nun einmal beim Abteilungsleiter. Deshalb muss Theo zustimmen. Zudem passierte es damals regelmäßig, dass Sachen aus dem Vorratsschrank ›verschwunden‹ sind. Deshalb liegt jetzt alles unter Verschluss.«

Ich kann fast nicht glauben, was ich da höre. Die Versandkosten sind vielleicht wirklich gesunken, aber wir haben im Gegenzug viele versteckte Kosten angehäuft. Und welchen Einfluss das auf unsere Lieferzeit hat, darüber will ich gar nicht erst nachdenken.

Die Handschuhe kosten zehn, vielleicht zwanzig Euro. Aber eine Fachkraft, die einen Besprechungstermin planen und dann darauf drängen muss, um neue Handschuhe zu bekommen, und währenddessen ihre Arbeit nicht ordentlich erledigen kann, wodurch der Kunde seine Küche später bekommt – was das wohl kostet? Und wie viel Verzug entsteht dadurch? Mein Gesicht läuft rot an vor Scham. Doch ich beherrsche mich und frage freundlich: »Wie würde es denn aus deiner Sicht besser funktionieren?«

Nelson antwortet: »Nun, einfach so, wie wir es bei meinem vorigen Chef gemacht haben. Da ging ich zum Schrank und nahm mir, was ich brauchte. Und wenn der Vorrat beinahe aufgebraucht war, bestellte ich selbst online einen Stapel neuer Sachen. Die wurden dann am nächsten Tag geliefert. Völlig simpel. Genau so, wie ich es zu Hause machen würde. Der einzige Unterschied war, dass ich mit der Firmenkreditkarte bezahlt habe.«

Nelson fährt fort: »Aber das ist noch nicht alles. Das Schlimmste ist die Stechuhr. Wenn ich nicht jeden Tag genau um acht Uhr stempele, wird ein Teil meines Lohns einbehalten.«

Das klingt nun auf einmal ein wenig wie lamentieren. Ich frage kritisch: »Was ist daran denn nicht in Ordnung? Es ist doch normal, miteinander zu vereinbaren, dass man pünktlich zur Arbeit kommt?«

Nelson schaut mich verärgert an: »Ja, Chef. Aber es kommt häufig genug vor, dass ich kurz vor Feierabend mit einer Küche, die am folgenden Tag mit in die Auslieferung soll, fast fertig bin. Ich würde dann gerne einfach noch weiterarbeiten, bis sie fertig ist. Das fühlt sich für mich gut an und nützt auch dem Kunden, oder? Aber diese Überstunden werden nicht bezahlt. Das finde ich auch nicht schlimm, wenn ich dafür an einem ruhigeren Tag zum Ausgleich morgens mal etwas später kommen könnte. Aber wenn ich morgens nicht pünktlich stempele, muss ich am Ende dafür büßen. Dann denke ich doch um 16:30 Uhr: Na gut, dann lasse ich eben alles stehen und liegen. Wir sehen uns morgen! Ach ja, weißt du, was auch noch schlimm ist? Ab 16:15 Uhr steht schon eine Schlange an der Stechuhr, weil jeder pünktlich weg will.«

»Theo, was hältst du davon?«, frage ich.

Theo zuckt mit den Schultern und schaut Paul an: »Tja, weißt du, warum das so ist? Ich bekomme von den Experten aus deiner Planungsabteilung einen sehr exakten Zeitplan von 8:00 Uhr bis 16:30 Uhr, auf dem für jede halbe Stunde detailliert angegeben ist, was jeder zu tun hat. Ich habe dir schon mehrmals erklärt, Paul, dass es unpraktisch ist, wenn es in der Planung keinen Puffer gibt. So wie es jetzt läuft, ist es nicht flexibel. Es sieht zwar effizient aus, aber wenn nur eine Sache schiefgeht, ist die ganze Planung für die Katz. Ein kleines Missgeschick am Morgen genügt, dass an diesem Tag bis zu vier Küchen weniger fertig werden.«

Paul erwidert bissig: »Wenn etwas nicht rechtzeitig fertig wird, wird der Schreiner wohl irgendwo einen Fehler gemacht haben, oder nicht? Ich sehe sie doch ständig draußen beim Rauchen und Kaffee trinken. Dafür scheint die Zeit ja zu reichen! Müssen wir dafür dann Überstunden bezahlen? Und schon eine Viertelstunde früher an der Stechuhr stehen, dafür ist auch Zeit?«

Nelson erwidert resigniert: »Es sieht fast so aus, als hättet ihr mich nur wegen meiner ›Hände‹ eingestellt.« Er zeichnet mit seinen Fingern Anführungszeichen in die Luft. »Aber ihr vergesst, dass ich ein Profi bin. Ich denke, dass ich gemeinsam mit meinen Kollegen viel besser beurteilen kann, was wann getan werden muss. Und wenn etwas schiefläuft, dann klären wir gemeinsam, wie wir das lösen können, damit der Kundenauftrag noch rechtzeitig fertig wird.«

Ich bin von dem, was ich höre, ernsthaft geschockt. Ich beschließe, das Gespräch zu beenden: »Nelson, vielen Dank, dass du das zur Sprache gebracht und dabei kein Blatt vor den Mund genommen hast. Das hilft wirklich enorm, unser Unternehmen Schritt für Schritt zu verbessern!«

Warum kümmern sich meine Führungskräfte überhaupt so intensiv um die operativen Details? Das erinnert mich an das, was Edwin sagte: »Wenn du Schnelligkeit willst, brauchst du eine leichtgewichtige Organisation, die die Intelligenz aller nutzt. Mitarbeiter, die selbstständig handeln, ohne um Erlaubnis zu fragen.« Wir haben doch kluge Menschen eingestellt. Denen müssen wir doch nicht sagen, was sie zu tun haben?

Ich nehme mir vor, abends mit Yvonne darüber zu sprechen. Doch als ich nach Hause komme, sehe ich, dass sie konzentriert für die Abschlussprüfung ihres Weiterbildungskurses lernt. Ihren Ärger hat sie inzwischen zum Glück bereits vergessen. Wir kochen an diesem Abend nicht, sondern bestellen Pizza und Pasta. Es bleibt nichts mehr übrig. Yvonne scheint noch mehr zu essen als ich.

Schnell entscheiden

Dienstag

Am nächsten Morgen bespreche ich im Führungskräftemeeting die Probleme, von denen Nelson gestern berichtet hat, und frage Theo, was er dazu meint. Theo erwidert gelassen: »Es ist richtig, was Nelson sagt. Doch ich befürchte, dass wir den Laden nicht mehr unter Kontrolle haben werden, wenn wir auf Regelungen verzichten. Letztendlich bin ich doch dafür verantwortlich, dass die Ziele erreicht werden. Ich muss dafür geradestehen, wenn etwas schiefgeht, deshalb halte ich es für unverzichtbar, genau darüber Bescheid zu wissen, wer gerade was macht und wofür Geld ausgegeben wird.«

Ich erwidere entschieden: »Verstanden, Theo. Doch die Bedingungen haben sich verändert. Wir müssen schlicht ein höheres Risiko eingehen, ansonsten werden wir nie schneller. Und das können wir uns überhaupt nicht erlauben. Jede Küche, die wir gratis liefern müssen, ist sehr viel teurer als das Paar Handschuhe, das jemand absichtlich oder aus Versehen mit nach Hause nimmt. Auch die paar Überstunden und flexible Arbeitszeiten kosten weit weniger als eine zu spät gelieferte Küche. Das ist ›*penny wise and pound foulish*‹, wie die Engländer so schön sagen. Wenn wir daran nichts ändern, sind wir demnächst alle unseren Job los. Und ich als Erster. Verstehst du das?«

Meine Argumente scheinen, außer bei Paul, auf fruchtbaren Boden zu fallen. Der erwidert: »Aber habt ihr denn nicht begriffen, was dieser Nelson vorgeschlagen hat? Der will die Planung komplett abschaffen. Seitdem wir die Planung zentralisiert haben, konnten wir die Effizienz enorm steigern. Das können wir doch nicht so einfach über Bord werfen und es den Mitarbeitern überlassen? Sie sind doch gar nicht in der Lage, die Situation zu überblicken, oder? Mehr noch, ich frage mich, ob sie diese Verantwortung überhaupt tragen können. Ich habe studiert, aber sie …«

»... sie sind nur dumme Arbeiter?«, vollende ich den Satz. Paul stößt einen tiefen Seufzer aus.

Ich fahre fort: »Mir ist dabei auch noch etwas anderes klargeworden. Es klingt so, als ob eure Teammitglieder voller guter Ideen stecken, wie wir schneller werden können, aber nichts davon wirklich umgesetzt wird. Doch irgendwann hören Menschen auf, sich Gedanken zu machen und Verbesserungsvorschläge einzubringen. Sie schalten einfach ab. Kommt euch das bekannt vor?«

»Ja«, erwidert Laura, »aber sie kommen oft mit Dingen, bei denen sie sagen ›vertrau uns, lass uns das einfach entscheiden‹, und das finde ich sehr schwierig. Wenn jeder das macht, was er selbst für notwendig hält, dann endet das im Chaos.« Theo stimmt ihr zu: »Damit ein Team richtig funktioniert, braucht es doch einen Chef, der die Richtung vorgibt und den Druck aufrechterhält, oder nicht?«

»Wenn wir aus dieser Misere rauskommen wollen«, fahre ich fort, »müssen wir genau das tun, worum sie bitten, Laura. Und wir müssen unsere Einstellung ändern. Es ist nicht mit einer Veränderung unserer Arbeitsweise getan. Das wird mir so langsam klar. Diese Veränderung bedeutet eine neue Denkweise. Und das beginnt bei uns. Wenn wir nicht darauf vertrauen, dass unsere Mitarbeiter das Beste für das Unternehmen wollen, dann sagt das in erster Linie etwas über uns aus. Haben wir etwa die falschen Mitarbeiter eingestellt? Sie alle sind durch und durch Fachkräfte. Wir müssen den Mitarbeitern das Vertrauen vermitteln, dass sie selbst in ihrer Abteilung etwas verändern können. Denn solange wir dafür verantwortlich bleiben, lehnen sie sich einfach weiterhin zurück.«

Laura nickt: »Ja, da ist etwas Wahres dran. Aber wie packen wir das an?«

Wilma sagt begeistert: »Also, ich habe letzte Woche etwas ausprobiert und das funktionierte richtig gut. Während der Sitzung am Freitagnachmittag habe ich jeden im Team gebeten, eine Idee, wie wir schneller werden können, auf ein Post-it zu schreiben. Da waren wirklich blödsinnige Sachen dabei, die nichts an der Arbeitsweise ändern, beispielsweise Haken für die Jacke an der Toilettentür oder dass wir eine zusätzliche Kaffeemaschine anschaffen müssen, weil sich davor immer Schlangen bilden. Aber dann dachte ich: Dieses Mal werde ich nicht gleich meinen Senf dazu geben. Also habe ich meinen Mund gehalten und gefragt, ob sie als Gruppe über die beste Idee abstimmen wollen. Alle schauten mich an, wohl weil sie es nicht fassen konnten, und in der Erwartung, dass ich mich doch noch einmische. Zu meiner großen Verwunderung haben sie sich für die zusätzliche Kaffeemaschine entschieden!«

Alle hören ihr gespannt zu. Wilma fährt fort: »So ein Kaffeevollautomat ist natürlich nicht ganz billig. Trotzdem habe ich noch am selben Tag einen besorgt. Der kostete ein paar Hundert Euro und die habe ich im Sinne von ›schnell handeln‹ erst einmal aus eigener Tasche vorgeschossen. Und ja, im Laufe der Woche sah ich immer mehr glückliche Gesichter, denn keiner musste mehr auf seinen Kaffee warten. Wenn ich das vorgeschlagen hätte, hätte es nie funktioniert, denke ich. Aber so haben sie es sich selbst überlegt und es funktioniert! Im Übrigen hoffe ich, dass ich die Kaffeemaschine abrechnen kann?«

»Aber sicher doch, Wilma«, erwidere ich erfreut. »Okay, ich habe einen Vorschlag. Ab jetzt lasst ihr in jedem Freitagsmeeting eure Teams über die beste Idee abstimmen. Und was auch immer sie sich einfallen lassen, ihr akzeptiert die Idee und gebt eure Zustimmung. Wenn es schiefgeht, machen wir es wieder rückgängig und es fließt nicht in eure Beurteilung ein. Hat jemand damit Probleme?«

Laura erwidert skeptisch: »Und was, wenn sie erst um elf Uhr anfangen und um vier Uhr schon wieder nach Hause gehen wollen?«

Wilma erwidert mit ernsthafter Mine: »Ich bezweifle, dass sie das tun werden. Das sind doch keine Kindergartenkinder.«

Ich hake ein: »Und wenn schon! Probiert es doch einfach eine Woche lang aus und schaut dann gemeinsam mit ihnen, was der Effekt ist. Wenn man es nicht probiert, kann man es schließlich nicht wissen, oder? Und wenn kürzere Arbeitszeiten wirklich zu höherer Geschwindigkeit und zu besseren Ergebnissen führen, dann ist das doch Klasse?«

Theo ist noch nicht überzeugt und sagt: »Aber was machen wir, wenn sie eine richtig teure Maschine anschaffen wollen?«

Darüber muss ich einen Moment nachdenken: »Ja, da ist was dran«, erwidere ich. Ich nehme die Seite, die ich gestern per Post erhalten habe, aus meiner Tasche und lese sie schnell noch einmal durch: »Die meisten Entscheidungen sind umkehrbar«, »Die Entscheidungen sollen ›sicher zum Ausprobieren‹ sein« und »Ein Fehler ist nur dann ein Fehler, wenn man nichts daraus lernt«. Aha!

Ich sage: »Das ist eine Entscheidung, die möglicherweise große Folgen hat und die nicht ohne Weiteres rückgängig zu machen ist. Ich schlage vor, dass wir solche Entscheidungen weiterhin in dieser Runde treffen, aber alle umkehrbaren Entscheidungen können von nun an innerhalb der Abteilungen getroffen werden. Wie hört sich das an? Ist es für euch in Ordnung, wenn wir das, sagen wir mal, für einen Monat ausprobieren? Und noch einmal: Wenn es schiefgeht, verspreche ich, dass es keinen Einfluss auf eure Beurteilungen hat.«

Alle nicken zustimmend. »Okay, uns bleibt noch eine halbe Stunde. Was ist der nächste Punkt auf der Agenda?« Wir haben noch nie so schnell eine gemeinsame Entscheidung getroffen. Das fühlt sich wirklich wie ein Fortschritt an.

Ich erkläre, dass es meine Absicht ist, mich in nächster Zeit wieder häufiger in den Abteilungen sehen zu lassen, und bitte die Abteilungsleiter, das auch zu tun. In den folgenden Tagen sage ich alle meine Vormittagstermine ab und unterhalte mich stattdessen mit so vielen Mitarbeitern wie möglich an ihren Arbeitsplätzen. Ich hospitiere in jeder Abteilung. Ich helfe beim Erstellen von Angeboten, beim Beantworten von Kundenanfragen und beim Zuschneiden und Ausliefern einer Küche. Und ich stelle Fragen, ganz viele Fragen. Und was ich da alles zu hören bekomme … unzählige kleine und große Dinge, die wir ganz einfach verbessern können. Es kommt Freude bei den Mitarbeitern auf, sie werden gehört, und auch mir bringt das viel.

Wir sind auch dabei, die Probleme, die Nelson angesprochen hat, zu lösen. So haben wir entschieden, die Stechuhr und die Lohnzahlung vorläufig zu entkoppeln, sodass Mitarbeiter ihre Arbeitszeiten selbst bestimmen können. Außerdem haben wir ein Experiment gestartet, bei dem der Vorratsschrank mit Arbeitsmaterialien (wie zum Beispiel Handschuhen) für jeden offen ist und von den Mitarbeitern selbst ergänzt werden kann. All diese Veränderungen wirken sich direkt auf die Lieferzeit aus. Sie sinkt recht schnell von zehn auf acht Wochen.

An diesem Abend sagt Yvonne ganz nebenbei, dass sie findet, dass es nach ihrem Examen wirklich Zeit für Kinder wird. Ich antworte ihr, dass dies eine unumkehrbare Entscheidung ist und wir deshalb gut darüber nachdenken sollten. Yvonne reagiert gereizt auf meine Erwiderung. Sie sagt, dass sie in den letzten Monaten an nichts anderes mehr denken konnte und es sie stört, dass sie offenbar die Einzige ist, die sich damit beschäftigt. Als ich nachfrage, erfahre ich, dass sie bereits Vorbereitungen trifft. Sie hat sogar schon Babykleidung gekauft, als sie kürzlich mit ihrer Schwester einkaufen war. Die Sachen liegen fürs Erste bei ihrer Schwester und ihrem Schwager.

Ich denke, es ist alles ein wenig verfrüht, aber wenn es sie glücklich macht, ist es in Ordnung. Ich stelle keine weiteren Fragen, denn oft führt dieses Thema bei uns zu Streit, und darauf habe ich gerade keine Lust. Yvonne anscheinend auch nicht, denn sie wechselt das Thema.

Teil V
Die letzte Runde

Werksbesichtigung

Anfang Oktober; mittlere Lieferzeit acht Wochen

Ich sitze bereits um halb sieben im Auto zum Flughafen. Ich wundere mich, dass schon um diese Zeit Stau auf der Autobahn ist. Sobald ich geparkt habe, treffe ich mich mit Nelson, Wilma und Laura in der Abflughalle.

Heute fliegen wir für einen Tag nach England, um dort die Werksanlage des Formel-1-Teams von Faster Racing zu besichtigen. Denn vorige Woche rief mich Paul plötzlich an. Ein Bekannter vom ihm hatte erzählt, dass Faster Racing zweimal im Jahr eine Werksführung anbietet. Natürlich gegen Bezahlung: Die Karten kosten fünfhundert Euro pro Person. Aufgrund verschiedener Umstände waren plötzlich vier Karten in den freien Verkauf gekommen und die wollte sein Bekannter uns nun als Dank für den guten Service gern schenken.

Ich musste nicht lange nachdenken und habe sofort vier Flüge nach London Luton und zurück buchen lassen. Paul konnte leider nicht mitkommen, er ist diese Woche auf der Kitchen World Expo in den USA. Doch Laura und Wilma waren sofort davon begeistert. Auch Theo war verhindert, schlug aber vor, Nelson aus der Produktion mitzunehmen. Das fand auch ich eine gute Idee, denn Nelson hat uns richtig viel geholfen und ist, was das betrifft, ein Vorbild für den Rest der Mannschaft.

In London angekommen, treffen wir den Rest der Gruppe: etwa zehn andere Personen. Die meisten sind totale Formel-1-Fans. Die Hälfte von ihnen trägt sogar Faster-Racing-Team-Kleidung. Wir fahren mit dem Bus zu den Werkshallen am Stadtrand. Das dauert vom Flughafen aus ungefähr eine halbe Stunde.

Wir steigen aus dem Bus und betreten ein imposantes Gebäude, auf dem in riesigen Buchstaben »Faster Racing« prangt. Dort empfängt uns eine Hostess: »Herzlich willkommen im Foyer unseres Werks. Mein Name ist Amy und ich werde euch heute durch den Tag begleiten. Das Erste, was ihr hier seht, ist der Trophäenschrank.« Sie zeigt auf eine bestimmt zehn Meter hohe Glaswand, die bis unter die Decke reicht und voller Pokale steht. »Wir sind natürlich sehr stolz auf unsere Leistungen. Ein weiterer Grund, dass dieser Trophäenschrank am Eingang steht, ist, dass dadurch jeder jederzeit weiß, worum es eigentlich geht. Wir haben als Organisation ein klares Ziel: Rennen und Meisterschaften gewinnen. Alles steht in diesem Zeichen. Und durch das Präsentieren dieser Siegestrophäen zentral im Eingangsbereich werden alle unsere Kollegen täglich daran erinnert. Hier arbeiten beinahe tausend Menschen, doch wir sind *ein* großes Team. Ein klares und gemeinsames Ziel trägt dazu bei, unsere Ein-Team-Mentalität zu stärken.«

Laura stößt mich an und flüstert: »So etwas sollten wir auch machen, meinst du nicht auch? Ein gemeinsames Ziel, das für jeden greifbar ist. Vielleicht etwas rund um die Lieferzeit?« Ich nicke und richte meine Aufmerksamkeit wieder auf Amy.

»Nach jedem Rennwochenende wissen wir genau, wo wir bezüglich unseres Ziels und der Konkurrenten stehen. Ich betrachte das als großen Luxus. In meinem vorherigen Job arbeitete ich für ein großes Unternehmen. Dort war überhaupt nicht klar, worum es ging und in welcher Form meine Arbeit dazu beitrug. Und den ohnehin schon steinreichen Aktionären weiter die Taschen zu füllen, gab mir auch nicht die gewünschte Energie. Hier, bei Faster Racing, ist das völlig anders. Hier weiß jeder genau, welchen Beitrag er zum Endergebnis liefert, und sieht auch sehr schnell die Auswirkungen davon.«

Wir folgen Amy in einen Besprechungsraum. Es ist mehr eine Art »Aquarium« mit Glaswänden vom Boden bis zur Decke. Die Aussicht ist überwältigend: Wir schauen in die Werkhalle. Dicht unter uns sehe ich einige Mechaniker an einem Formel-1-Auto schrauben. Mir fällt auf, wie steril und nach Hightech alles aussieht: weiße Wände und weißer Boden. Kein Kram liegt auf dem Fußboden, die Werkzeuge sind ordentlich in Schubladenschränken verstaut. Nirgends Ölflecken oder anderer Schmutz. Alles ist ordentlich und blitzsauber.

»Schicker Arbeitsplatz, was Nelson?«, sagt Wilma.

»Wahnsinn. So würde ich unsere Produktionshalle auch gern einrichten«, erwidert Nelson begeistert.

»Wir haben genau den richtigen Moment erwischt«, sagt Amy, »gleich werden sie mit ihrer Boxenstopp-Übung beginnen.« Ich sehe, dass eine Gruppe Mechaniker Helme aufsetzt und Handschuhe anzieht. Einer von ihnen setzt sich ins Auto. Sobald alle bereit sind, kommt er herangefahren, und das Team wechselt innerhalb von ungefähr zwei Sekunden alle Reifen, genau wie auf der Rennstrecke. Nelson und Laura sind sichtlich beeindruckt.

Amy fährt fort: »Jeden Morgen und jeden Abend trifft sich dieses Team, um ungefähr zehnmal zu üben. Nur mit dieser Disziplin können sie Perfektion erlangen. Das Trainieren der Boxenstopps ist übrigens nicht ihr Vollzeitjob. Der eine ist IT-Ingenieur, der andere ist für den Warentransport verantwortlich und ein paar von ihnen sind Mechaniker. Im Boxenstopp-Team zu arbeiten, ist eine Rolle, die sie neben ihrer normalen Arbeit übernehmen. Wir orientieren uns nicht so sehr an festen Funktionsbeschreibungen. Indem wir in Rollen denken, die sich regelmäßig ändern, bleiben wir flexibel. Ach ja, vielleicht ist es euch aufgefallen: Das Auto, mit dem sie üben, fährt elektrisch. Das erspart uns eine Menge Lärm und Abgase. Holt euch doch nebenan in der Küche etwas zu trinken und macht es euch gemütlich, dann werde ich euch noch mehr über unser Team erzählen.«

Die anderen Teilnehmer beobachten verblüfft, wie Nelson und Wilma, ehe sie sich etwas zu trinken holen, erst die Küche gründlich in Augenschein nehmen: »Was ist denn das für ein Küchenhersteller, Nelson?«, fragt Wilma. »Auf jeden Fall nicht von *Kitchen Quick*«, erwidert Nelson, »denn wir würden diese Fugen sicher ordentlicher ausführen. Das Spülbecken ist aber gut eingepasst, finde ich, die Komposit-Küchenplatte geht sauber in die Spüle über.«

Als alle etwas zu trinken haben und wieder im Besprechungsraum sitzen, erläutert uns Amy die einzelnen Schritte des Produktionsprozesses. Eine schwindelerregende Liste von Teams zieht an uns vorbei: Design, Metallbearbeitung, Aero-Performance, 3D-Druck, Karbonfaserverarbeitung, Lackiererei, Getriebe, Radaufhängung, Hydraulik, Antrieb, Bremsen, Elektronik, Montage, Windkanaltest, Stresstest, Inspektion & Compliance-Test, Logistik, Datenanalyse und Strategie. Wow, ich wusste schon, dass eine Menge zu tun ist, aber ich hatte nicht erwartet, dass so wahnsinnig viel dazugehört.

»Ungefähr achtzig Prozent aller Bestandteile des Autos produzieren wir hier im Werk«, erzählt Amy. »Am Ende muss sich all diese Arbeit zu einem superschnellen Auto zusammenfügen. Da versteht ihr sicher, dass Zusammenarbeit zwischen den Teams essenziell ist. Wir stellen deshalb nur Menschen ein, die wahre Teamplayer sind. Das finden wir wichtiger als die besten fachlichen Skills. Wenn jemand fachlich nicht der Allerbeste ist, können wir diese Fähigkeiten oft noch ausbilden. Doch eine egozentrische Person zu mehr Zusammenarbeit zu bewegen, ist viel schwieriger.«

»Habt ihr eine zentrale Planungsabteilung, die die Aktivitäten aller Abteilungen aufeinander abstimmt?«, fragt Nelson. »Gute Frage«, antwortet Amy. »Nein, eigentlich stimmen sich die Teams kontinuierlich miteinander ab. Eine zentrale Planung wäre für uns zu langsam. Wir arbeiten mit einem festen Rhythmus. Jeden Morgen und jeden Abend kommen Vertreter der Teams in einem kurzen Stand-up-Meeting zusammen, um den Stand der Dinge und eventuelle Probleme und Abhängigkeiten zu besprechen. Beinahe all unsere Kommunikation findet face-to-face statt. Wir benutzen intern so gut wie nie E-Mails.«

Nelson strahlt. Ich frage: »Okay, aber was ist, wenn ein Team zu spät liefert. Dann will man doch die daraus resultierenden Auswirkungen in der Planung durchgerechnet haben?« »Zwischen den Teams werden alle Informationen transparent geteilt«, antwortet Amy. »Wir setzen Software ein, mit der der Status von Bauteilen jederzeit sichtbar ist. So etwas müssen wir nicht zentral machen, da es automatisiert ist. Es passiert übrigens häufig, dass sich etwas verzögert und ein Team auf ein anderes warten muss. Aber niemand beklagt sich darüber. Jeder geht davon aus, dass die Kollegen ihr Bestes geben, um die neuesten Innovationen in das Bauteil einfließen zu lassen. Fingerpointing kommt eigentlich nie vor, selbst wenn manchmal abends durchgearbeitet werden muss, weil sich ein anderes Team verspätet hat. Wenn du ein Auto bereits ein paar Tage vor dem Rennen komplett fertig hast, dann hast du die Chance verpasst, an diesen Tagen innovativ zu sein!«

Wir folgen Amy in die Werkhallen. Als Erstes kommen wir am Rennsimulator vorbei. Der ähnelt einer Art Spielcomputer. Durch ein kleines Fenster sehe ich jemanden im Cockpit eines Formel-1-Autos eifrig steuern. Um ihn herum steht ein riesiger gebogener Schirm, auf den eine Rennstrecke projiziert wird. Sogar das Auto bewegt sich in den Kurven hin und her. So ein

Ding will ich zu Hause auch haben! Plötzlich erkenne ich Mark, der da hinter dem Steuer sitzt und konzentriert trainiert.

Amy erklärt uns, dass alle neuen Bauteile zuerst mit dem Computer gezeichnet werden. Danach werden sie in einer Art virtuellem Windkanal durchgerechnet. Computational Fluid Dynamics heißt das. Anschließend werden die für gut befundenen Teile »virtuell an das Auto montiert«. Das Computermodell des Simulators ist so ausgefeilt, dass Mark, indem er ein paar Runden fährt, spüren kann, ob das neue Bauteil wirklich eine Verbesserung bedeutet, obwohl es de facto bisher nur auf dem Papier existiert. Verrückt!

Unser nächstes Ziel ist die 3D-Druckstation. Amy erläutert, dass sie mit diesen Maschinen sehr schnell und präzise ein neues Bauteil herstellen können. Diese Bauteile werden danach im echten Windkanal getestet. Erst wenn auch dort alles in Ordnung ist, werden sie »in echt« gebaut, meistens aus leichten Kohlenstofffasern.

Durch ein kleines Fenster können wir zuschauen, wie ungefähr zehn Männer und Frauen in Schutzkleidung die Formen für die Kohlenstofffaserteile herstellen. Um winzigen Differenzen vorzubeugen, verfügt dieser Raum über eine Luftschleuse und ein spezielles Luftaufbereitungssystem, sodass er staubfrei und seine Temperatur konstant bleibt. Die Bauteile werden dann im Vakuuminfusionsverfahren hergestellt und in einem Autoklav gesintert, einer Art Hochdruckbackofen, in dem bis zu sieben Bar Druck aufgebaut werden. Sobald ein Bauteil fertig ist, wird es mit Ultraschall geprüft. Beeindruckend!

»Wie lange braucht ihr denn insgesamt für die Herstellung eines neuen Frontspoilers?«, will Wilma wissen. »So kurz wie möglich und schneller als die Konkurrenz, ist die einfache Antwort«, sagt Amy. »Durch die Summe aller Verbesserungen werden die Autos während der Rennsaison im Mittel zwei Sekunden pro Runde schneller. Wir sprechen dabei von rund 750 großen und kleineren Anpassungen pro Woche. Je schneller wir also ein Bauteil herstellen können, desto besser. Deshalb automatisieren wir alle wiederkehrenden Arbeiten. Einige der Bauteile können wir sogar innerhalb von vierundzwanzig Stunden versandfertig machen: zeichnen, simulieren, herstellen und testen. Manchmal schicken wir sogar Freitagnacht noch verbesserte Teile zur Rennstrecke. Diese werden dann am Samstagmorgen noch ans Auto montiert, kurz vor dem letzten freien Training und der Qualifikation.«

Wir laufen weiter durch die Metallwerkstatt, eine große Halle mit computergesteuerten Schneidemaschinen. Nelson ist sichtlich beeindruckt: »Wow, eine solche Maschine kostet mindestens sechshunderttausend pro Stück und ich sehe hier ungefähr fünfzehn davon.« Mir wird klar, dass jeder hier über das bestmögliche Werkzeug verfügt – und dass die Herstellung eines Formel-1-Autos richtig viel Geld kostet.

Am Ende eines langen Gangs sehen wir einen Raum mit verspiegelten Fenstern. Es ist die Sorte Glas, bei der man von der einen Seite durchschauen kann und dessen andere Seite verspiegelt ist. Ich glaube, das heißt »Einwegspiegel« und wird z.B. von der Polizei für Vernehmungsräume verwendet. Wir dürfen den Raum nicht betreten. Amy erläutert, dass sie in diesem Raum an Innovationen für das Auto der nächsten Saison forschen. Nach der Hälfte der aktuellen Saison setzen sie am liebsten ein Drittel der Leute und Mittel frei, um, abgekoppelt von den schnellen, kurzfristigen Verbesserungen, in Ruhe über etwas größere Innovationen nachzudenken, die in der folgenden Saison eingeführt werden können.

Amy erzählt, dass das Team pro Jahr über ein Budget von rund vier Millionen Euro verfügt und dass davon am Ende nichts übrigbleibt. Jeder Euro wird investiert, um das Auto schneller zu machen. Die Mitarbeiter beziehen sicher ein gutes Gehalt und es gibt Boni, aber im Prinzip wird keinerlei Gewinn erwirtschaftet. Die Sponsoren investieren ihr Geld lediglich, um im Gegenzug ihre Marke bekannt zu machen.

Wir besichtigen auch noch die Remote Garage, den Raum, in dem während des Rennens Dutzende Menschen in Echtzeit die Sensoren des Autos beobachten, um bei Entscheidungen über die Rennstrategie zu unterstützen. Hier sieht es wirklich ein wenig aus wie in einem Mission Control Center bei der NASA, in dem die Raketenstarts überwacht werden: vorn ein riesengroßer Bildschirm mit allen möglichen Grafiken über die ganze Wand verteilt und dahinter eine Tribüne mit Dutzenden Arbeitsplätzen. An jedem Arbeitsplatz gibt es zusätzlich einen eigenen Monitor und ein Mikrofon. Mir wird klar, dass ich dieses Team gehört habe, als ich auf der Rennstrecke über meine Kopfhörer mithören konnte. Schön, das nun auch real zu sehen.

Bevor wir wieder in den Bus steigen, gehe ich noch schnell auf die Toilette. Selbst hier gibt es Inspirierendes. An der Wand steht ein Spruch: »Alle sagten immer ›Das geht nicht‹, dann kam jemand, der das nicht wusste, und hat es einfach gemacht!«

Insomnia

Zwei Wochen später; mittlere Lieferzeit sechs Wochen

Ich kann in dieser Nacht nicht schlafen. Eine Menge Gedanken schwirrt mir durch den Kopf.

In der vergangenen Zeit konnten wir viele Fortschritte erzielen. Es wird mit Ideen experimentiert, die aus den Teams kommen und den Prozess beschleunigen. Theo hat zu guter Letzt doch zwei Schreiner freigestellt, um das komplette Aufmaß beim Kunden so schnell wie möglich nach Auftragseingang durchzuführen. Dadurch gibt es beim Ausliefern der Küchen keine Überraschungen mehr. Außerdem bauen wir die Küchen in der Werkstatt einmal komplett auf, ehe sie in den Transporter verladen werden. Das mag auf den ersten Blick wie zusätzlicher Aufwand erscheinen, sorgt aber dafür, dass wir kleine Fehler sofort korrigieren können.

Die Lieferzeit hat sich dadurch weiter verkürzt, wir liegen nun bei sechs Wochen. Doch jetzt stockt es. Was kann ich noch unternehmen, um die Lieferzeit auf zwei Wochen zu reduzieren?

Manchmal hilft es mir beim Einschlafen, wenn ich einen Podcast höre. Ich öffne die App und gehe die Liste der verfügbaren Beiträge durch. Verdammt, der Formel-1-Podcast hat eine Folge mit Teamchef Edwin! Ob ich davon schläfrig werde, ist noch die Frage, aber meine Neugier ist geweckt. Ich nehme meine Ohrhörer und folge dem Interview. Als der Interviewer fragt: »Edwin, kannst du uns etwas über deinen Führungsstil erzählen?«, spitze ich die Ohren und stelle lauter: »Das ist eigentlich ganz einfach«, antwortet Edwin. »Ich überlasse das meiste meinen Mitarbeitern. Wir haben Fachexperten im Unternehmen und ich erwarte, dass sie in der Lage sind, selbstständig Entscheidungen zu treffen. Zu Hause übernehmen die Mitarbeiter doch auch Verantwortung für ihr Leben und ihre Familie? Warum also nicht bei der Arbeit? Wenn du privat umziehst, fragst du doch auch nicht erst deinen Manager um Erlaubnis? Zudem wissen die Mitarbeiter ohnehin meistens viel besser, was zu tun ist, als du selbst. Ich höre oft Führungskräfte aus Unternehmen klagen, dass sie versuchen, ihren Mitarbeitern Verantwortung zu übertragen, diese sich aber nicht trauen, selbstständig Entscheidungen zu treffen. Ich sage dann, dass die Ursache in erster Linie bei den Führungskräften selbst liegt, auch wenn sie das nicht hören wollen. Verantwortung kann man nämlich nicht übertragen, sondern man muss dafür sorgen, dass Menschen bereit und in der Lage sind, sie zu übernehmen. Und wenn das nicht gelingt, dann macht man offensichtlich etwas nicht richtig. Die richtige Frage zu dieser Antwort zu stellen, liegt bei der Führungskraft. Immer!«

Der Interviewer fragt einigermaßen verwirrt: »Das hört sich ganz einfach an, aber wie machst du das genau?« Ich schalte die Nachttischlampe an und beginne, mir Notizen zu machen. Yvonne wälzt sich murrend herum und dreht sich mit dem Rücken zum Licht.

Edwin beantwortet die Frage geduldig: »Wenn du Menschen als Erwachsene behandelst, dann werden sie sich auch wie Erwachsene verhalten. Doch wenn du weiterhin als Führungskraft Entscheidungen für deine Mitarbeiter triffst, dann werden sie niemals selbstständig etwas tun. Einige Kollegen in unserem Team fragen mich hin und wieder noch um Erlaubnis, vornehmlich neue Kollegen. Doch sie kommen schnell dahinter, dass ich immer die gleiche Gegenfrage stelle: ›Wenn wir tun, was du vorschlägst, wird das Auto dann schneller?‹ Und wenn die Antwort ›Ja‹ lautet, dann antworte ich immer: ›Dann mach es einfach.‹ Das ist nämlich das Einzige, was zählt. Das ist, worum es geht. Wenn du nun konsequent bei diesem Vorgehen bleibst, hören sie irgendwann auf, um Erlaubnis zu fragen. Dann haben sie verstanden, worauf es ankommt.«

Der Interviewer fragt: »Doch wie sorgst du dafür, dass sie die richtigen Entscheidungen treffen?«

Edwin: »Was Erfolg bedeutet, muss klar definiert sein, denn wenn du etwas erreichen willst, das nicht klar umrissen ist, wie kannst du dann erfolgreich sein? Aber wenn das geklärt ist, kannst du den Rest den Mitarbeitern überlassen. Wenn ihnen alle Informationen zur Verfügung stehen, treffen sie auch die richtigen Entscheidungen. Sie wissen dann nämlich, wofür sie es tun. Deshalb sind bei uns alle Informationen für jeden zugänglich. Dies ermöglicht unseren Mitarbeitern, ihre eigenen Entscheidungen treffen, als wären sie der Geschäftsführer des Teams. Auch dann, wenn es um viel Geld geht. Das ist wirklich komfortabel, denn so brauche ich nicht den ganzen Tag über in Meetings zu sitzen. Ich laufe während des Tages einfach umher und führe hier und dort ein paar Gespräche. Auf diese Weise erfahre ich viel mehr als durch stundenlanges Starren auf Reports in dem einen oder anderen Meeting!«

Was sind das wieder für wunderbare Einsichten. Ich schreibe eine nach der anderen auf. Das Interview erinnert mich an eine Sendung im Fernsehen zum Thema Selbstorganisation, die Yvonne letztens für ihre Weiterbildung sehen wollte. Es ging dabei um Unternehmen ohne Führungskräfte, in denen die Menschen, die die Arbeit machen, das Unternehmen gemeinsam führen. Die Aufgaben des Managements bestehen weiter, werden jedoch auf eine andere Art verteilt.

Ja – jetzt weiß ich, was ich als Nächstes tun muss. Ich schalte das Licht aus, drehe mich um und schlafe schnell ein.

Gesunder Menschenverstand

Ende Oktober, Montagmorgen, Wochenstart;
mittlere Lieferzeit auf fünf Wochen gesunken

Heute Morgen muss man ganz schön drängeln, um das Podium in der Kantine sehen zu können. Seit wir die Teams nach Verbesserungspotenzialen fragen, ist die Atmosphäre im Unternehmen merklich positiver geworden. Das ist beim Weekly deutlich zu spüren. Ich stehe hinten im Raum, denn letzte Woche haben wir beschlossen, uns innerhalb des Führungsteams mit der Moderation dieses Meetings zu Wochenbeginn abzuwechseln.

Laura steht auf dem Podium und ruft: »Guten Morgen, ich hoffe, dass ihr ein schönes Wochenende hattet!« Der Saal reagiert enthusiastisch: »Mo-o-o-r-gen!« Laura fährt fort: »Zuerst ein Update zu den letzten Zahlen. Als Erstes natürlich die Lieferzeit. Die sinkt weiter und wir liegen nun bei nur noch fünf Wochen. Die Kundenzufriedenheit ist in der letzten Woche von 6,5 auf 7 gestiegen.« Jubel braust auf.

»Nun will ich das Wort gern dem Team Produktion übergeben«, fährt Laura fort. »Kommt doch bitte zu mir.« Nelson und ein Kollege betreten das Podium. Mir fällt auf, dass bei beiden ein Bleistift hinter dem Ohr klemmt. Typisch. Ob sie das wohl abgesprochen haben? Nelson schaut heute etwas fröhlicher drein. »Wir sind neugierig«, wendet sich Laura an sie. »Welche Fehler sind euch letzte Woche unterlaufen, was habt ihr daraus gelernt und mit welchen Verbesserungen werdet ihr diese Woche experimentieren?«

Nelson berichtet stolz: »Schon jahrelang finden wir in unserem Plattenmaterial ab und zu kleine Risse. Manchmal bemerkten wir das erst während oder nach dem Zuschnitt. Dann nahmen wir einfach eine neue Platte und begannen von vorn. Früher hatten wir die Zeit, das zu tun, doch jetzt können wir uns das nicht mehr leisten. Deshalb haben wir diese Woche den Lieferanten herbestellt und ihm das Problem gezeigt. Der war davon überrascht und vermutete als Ursache, dass die Platten oft noch warm auf die kalten Lastwagen verladen werden. Sie werden das in Zukunft ändern, und so konnte er uns verbindliche Zusagen zum Qualitätsniveau der künftigen Lieferungen machen. In nächster Zeit werden wir kontrollieren, ob sich die Qualität wirklich verbessert. Wir erwarten, dass wir dadurch viel Zeit sparen können.«

Auch die anderen Teams berichten über ihre Erfahrungen, was sie gelernt haben, und von ihren Experimenten. Am Ende fragt Laura in die Runde: »Möchte noch jemand etwas loswerden, ehe wir das Meeting abschließen?« Ich hebe die Hand und sage: »Ja, ich will gerne noch etwas sagen.«

Ich zwänge mich durch die Menge nach vorn. Dort angekommen, begrüße ich alle: »Hallo zusammen. Zuerst will ich euch sagen, dass ich außerordentlich stolz auf euren Einsatz und auf die Ergebnisse bin, die wir mit all den Verbesserungen erreichen. Und ich möchte noch einen Schritt weitergehen. Bisher habt ihr euch an mich oder euren Abteilungsleiter gewandt, wenn es um eine Entscheidung ging. Ab heute möchte ich, dass ihr Entscheidungen selbstständig trefft. Habt ihr eine Idee, wie die Küche schneller an den Kunden geliefert werden kann, ist eure Idee ›sicher zum Ausprobieren‹ und im Interesse des Unternehmens oder des Kunden? Dann benutzt einfach euren gesunden Menschenverstand und wartet nicht länger auf Zustimmung von mir oder einem der Abteilungsleiter, sondern handelt so, als hättet ihr sie schon. Im schlimmsten Fall könnt ihr hinterher immer noch um Entschuldigung bitten. Und wenn ihr für die Außenwelt wirklich eine Unterschrift braucht, dann kommt einfach zu mir. Ich unterschreibe alles! Blind!«

Meine Abteilungsleiter schauen mich überrascht an. Hmm, vielleicht bin ich wieder zu impulsiv gewesen und hätte das vorher mit ihnen besprechen sollen. Doch dann zwinkert mir Wilma zu und Laura zeigt mir ein »Daumen hoch«. Sie haben verstanden, was ich damit bezwecke. Zumindest glaube ich das.

Automatisieren

Mitte November; mittlere Lieferzeit fünf Wochen

Die Wochen nach meiner impulsiven Ankündigung verliefen etwas chaotisch. Vieles lief schief, doch wir haben auch eine Menge dabei gelernt. So beschloss beispielsweise die Produktionsabteilung, eine neue, vollautomatische Sägemaschine anzuschaffen, eine Investition von mehr als hunderttausend Euro! Eine solche Maschine wollten sie schon sehr lange, doch Theo hat die Anschaffung immer verhindert. Meine Bemerkung, dass es besser ist, sich hinterher zu entschuldigen, als vorher um Erlaubnis zu fragen, hatten sie sich hinter die Ohren geschrieben.

Sie hatten an einem Nachmittag, an dem Theo nicht da war, den Vertreter der Firma eingeladen und ihm sofort die Bestellung mitgegeben. Das war natürlich nicht im Sinne meiner impulsiven Aktion. Als Theo davon hörte, wurde er furchtbar wütend. Erst hat er sein komplettes Team zusammengestaucht und dann den Lieferanten angerufen, um die Bestellung zu annullieren. Doch das ging nicht mehr. Unter dem Auftrag stand meine Unterschrift. Ich hatte offenbar wirklich blind unterschrieben. Theo war fuchsteufelswild. Er drohte damit, sein komplettes Team zu entlassen. Es dauerte nicht lange und seine Mitarbeiter standen vor meinem Schreibtisch, allen voran Nelson. Mir wurde klar, dass er die treibende Kraft hinter dieser Aktion war.

Ich holte Theo dazu. Das Gespräch war fürchterlich zäh und anstrengend und zog sich lange hin. Theo nahm alles sehr persönlich und blieb emotional. Er pochte immer wieder auf seinen wichtigsten Punkt: Wer ist denn nun eigentlich der Chef in der Abteilung, er oder Nelson? Das Gespräch drehte sich wieder und wieder im Kreis. Irgendwann rief Theo sogar: »Entweder er geht oder ich!« Zu guter Letzt musste ich ihm klarmachen, dass wir so nicht weiterkommen. Dass wir es gemeinsam anpacken müssen. Alle zusammen. Als ein Team. Und Konflikte gehören dazu.

Und ganz ehrlich, die Maschine führte sofort zu einer enormen Geschwindigkeitssteigerung. Viele manuelle Arbeitsschritte können nun vollkommen automatisch ausgeführt werden, genau wie im Werk des Rennteams. So gesehen hatte Nelson Augen und Ohren gut aufgesperrt. Und die Maschine verrichtet die Arbeit nicht nur schneller, sondern auch viel weniger fehleranfällig. Nelson rechnete mir und Theo vor, dass wir die Maschine innerhalb eines halben Jahres amortisiert haben. Theo musste ihm am Ende widerwillig recht geben. Daraufhin sagte Nelson, dass er am liebsten noch drei davon kaufen würde. Das ergäbe eine Kapazitätsverdoppelung bezogen auf die derzeitige Nachfrage und würde eine Verbesserung von mindestens einer Woche bedeuten.

Die Idee, noch drei weitere Maschinen anzuschaffen, verkraftete Theo nicht. Er wurde leichenblass, stand auf und lief aus dem Raum. Ich habe später noch nach ihm gesucht, konnte ihn aber nirgends finden. Die Mitarbeiterin am Empfang sagte mir, dass er sich krank gemeldet hatte und nach Hause gegangen war.

Über den Betriebsarzt erfuhr ich, dass Theo überarbeitet ist. In der Woche darauf habe ich mit Theo und dem Betriebsarzt vereinbart, dass es besser ist, wenn er erst einmal wirklich richtig zur Ruhe kommt. Er arbeitet schon seit geraumer Zeit daran, loszulassen, und das macht ihm doch sehr zu schaffen. Theo arbeitet schon so lange in unserem Unternehmen. Er verdient eine Position, die zu ihm passt und in der er glücklich ist. Wenn es ihm wieder besser geht, werden wir gemeinsam nach einer Lösung suchen. Ich bin sicher, dass wir das hinbekommen.

Ich hatte kurz darüber nachgedacht, Nelson die Position von Theo vorübergehend zu übertragen, doch das schien überhaupt nicht erforderlich. Die beiden Abteilungen Produktion und Auslieferung haben selbst entschieden, künftig als ein Team zusammenzuarbeiten. Und das kann sie gut alleine bewältigen, meinte Wilma. Dabei hilft ihr, dass sie sehr beliebt bei ihren Mitarbeitern ist.

Die Zusammenführung sparte wieder zwei Tage Durchlaufzeit, denn offenbar hatte die Auslieferungsabteilung immer eine umfangreiche Übernahme der gelieferten Teile vorgenommen: allerlei Qualitätskontrollen, die natürlich kurz vorher schon von der Produktionsabteilung durchgeführt worden waren. Das war doppelte Arbeit, die wir nun einsparen konnten.

In puncto Lieferzeit entwickelt es sich übrigens fantastisch! Durch die vier neuen vollautomatischen Sägemaschinen sind wir nun bei nur noch drei Wochen angekommen. In Einzelfällen gelingt es uns sogar innerhalb von zwei Wochen, wenn alles perfekt läuft und es sich um eine einfache Küche handelt. Wir haben es fast geschafft! Was für ein Unterschied zu früher. Ich hatte nicht für möglich gehalten, dass wir das erreichen können.

Im Kiesbett

Ende November; mittlere Lieferzeit drei Wochen

Heute genehmige ich mir, schon am Nachmittag nach Hause zu gehen. Die Mitarbeiter regeln die Arbeit größtenteils selbst und ich bemerke, dass ich zunehmend mehr Freizeit habe. Endlich! Nach dem Mittagessen klappe ich den Laptop zu und verlasse mein Büro. Auf dem Weg nach unten rufe ich mein Lieblings-Sternerestaurant an und frage, ob vielleicht noch ein Tisch frei ist. Eigentlich sind sie komplett ausgebucht, doch wir dürfen in der Küche sitzen, am chef's table. Der scheint unverhofft freigeworden zu sein. Ich möchte Yvonne damit überraschen.

Im Wohnzimmer setze ich mich neben Yvonne aufs Sofa. Endlich fühle ich die Ruhe, um das Gespräch auf Kinder zu bringen. Ich lege ihr eine Hand aufs Bein und sage: »Hallo Schatz, ich möchte gern etwas mit dir besprechen.«

»Oh, und was?«, erwidert sie.

»Nun, wir haben ja schon häufiger darüber gesprochen, aber ich denke wirklich, dass wir noch ein paar Jahre mit Kindern warten sollten. Wir wollen noch nach Australien und du erzählst auch schon seit Jahren von einer Reise nach Afrika. Vielleicht sollten wir das ohne Kinder machen. Und wir sind doch noch jung genug. In zwei, drei Jahren ist es dafür auch noch nicht zu spät. Außerdem passt das auch viel besser mit deiner Ausbildung zusammen. Die ist beinahe abgeschlossen und so kannst du erst einmal ein paar Jahre in der Praxis Erfahrungen sammeln.«

Yvonne runzelt die Stirn und sagt schroff: »Nein, Ronald. Das findest du, ich aber nicht. Aus aufgeschoben wird schnell aufgehoben. Alles in mir sagt, dass wir nicht mehr länger warten sollten.« Ärger steigt in mir hoch, denn sie lässt mir keine Wahl. Eigentlich ist alles schon beschlossene Sache.

Ich erwidere: »Aber Schatz, so eine Entscheidung trifft man doch gemeinsam. Das kannst du doch nicht alleine entscheiden?«

»Das weiß ich nicht, Ronald. Aber wenn wir warten, dann entscheidest doch du für mich? Ich will nicht mehr warten. Ich habe lange genug gewartet. Das weißt du doch, oder? Und wenn du keine Kinder willst, dann muss ich das ganz schnell von dir wissen!«

»Ja, das ist mir schon klar. Aber du weißt auch, dass es ein Traum von mir ist, in New York zu wohnen. Wie soll das mit einem Kind gehen?«

Yvonne steht auf und beginnt zu schreien: »Hör auf damit! Ich habe mich immer für deine Karriere geopfert. Ich bin mit dir in dieses Kaff gezogen. Und jetzt verlange ich, dass du mal etwas für mich tust, aber auch jetzt denkst du wieder nur an dich. Du gönnst mir mein Glück einfach nicht!«

Heulend läuft sie aus dem Wohnzimmer und rennt die Treppe zum Schlafzimmer hinauf. Ich lasse ihr eine Weile Zeit, bevor ich nach ihr schaue, um zu fragen, wie es ihr geht. Aber es ist zu spät. Sie hat für sich eine Entscheidung getroffen. Als sie ins Wohnzimmer zurückkommt, trägt sie eine große Reisetasche über der Schulter.

Schroff sagt sie: »Ich ziehe für ein paar Tage zu meiner Schwester. Ich brauche Zeit, um gründlich nachzudenken, Ronald. Nicht über Kinder, sondern vor allem über uns!« Sie läuft aus dem Wohnzimmer in Richtung Haustür. Ich höre die Tür mit einem Knall ins Schloss fallen.

Damit hatte ich überhaupt nicht gerechnet. In der Firma beginnt es zu laufen und nun ist zu Hause alles ein Scherbenhaufen. Seufzend schenke ich mir ein Glas Whisky ein und trinke es in einem Zug aus.

Ist es wirklich das, was ich will. Und – ist es all das wert?

Verzweiflung

Während ich noch darüber nachdenke, was eben zwischen mir und Yvonne passiert ist, klingelt mein Telefon. Es ist eine mir unbekannte Telefonnummer. Ich drücke den Anruf zweimal weg, doch es klingelt wieder. Verärgert nehme ich ab. Es ist Henk. Er klingt verwirrt oder betrunken und hört sich auch leicht panisch an. Er bittet mich, in eine Bar in der Innenstadt zu kommen. Dort bin ich schon lange nicht mehr gewesen. Ich kenne das Lokal aber noch von früher, aus meiner Studentenzeit.

Vor dem Eingang sehe ich Henks rotes Cabrio stehen. Ich gehe hinein. Der Barkeeper trocknet gerade ein Glas ab. Er sieht meinen suchenden Blick und spürt offenbar meine Besorgnis. »Sie kommen seinetwegen, oder?« Er weist mit dem Kopf in eine Ecke hinten im Raum, wo Henk an einem Tisch alleine vor einem Glas Whisky sitzt. Ich erkenne ihn im ersten Moment gar nicht. Er trägt eine schwarze Lederjacke und sieht aus, als hätte er sich einen Monat lang nicht rasiert. Um seine Augen sind gewaltige dunkle Ringe, als ob er schon seit einer Weile nicht mehr gut schläft. Ich gehe zu ihm hinüber und rieche, dass er auch schon länger nicht mehr geduscht hat. Mir schlägt ein Hauch von Schweiß und Alkohol entgegen, der gut zu einem Landstreicher passt. Aber nicht zum Küchen-Cowboy Henk Sneller, einem stolzen, energischen Mann. Doch davon ist nun nicht mehr viel übrig.

Ich bestelle zwei schwarze Kaffees und setze mich ihm gegenüber. Auf dem Tisch sehe ich sein dickes, ledernes Portemonnaie liegen und daneben seine Autoschlüssel. Es ist nicht zu übersehen, dass er zu viel getrunken hat, um noch Auto zu fahren. Ich nehme seine Schlüssel und stecke sie in meine Tasche. Henk protestiert nicht einmal. Ich berühre seine Schulter: »He, Henk, so kenne ich dich gar nicht. Was ist denn los?«

Sichtlich aufgewühlt schaut er mich an und erklärt, dass er kurz vor der Pleite steht. Sein Geld ist aufgebraucht. Seit fast einem halben Jahr geben wir nun schon Küchen kostenlos weg, weil wir sie nicht innerhalb von zwei Wochen liefern können. Trotz der Tatsache, dass die Lieferzeit immer kürzer wird, bekommen viele Kunden ihre Küche noch immer umsonst.

Ich fühle, wie der Boden unter meinen Füßen nachgibt. Oh, wie blöd. Wie konnte es passieren, dass ich die Finanzen so aus den Augen verloren habe. Aber klar, Henk hat sich ja immer selbst um die finanzielle Seite des Unternehmens gekümmert. Wenn ich ihn richtig verstehe, hat er immer wieder Geld auf unser Konto überwiesen, sodass wir unseren Verpflichtungen nachkommen konnten. Und wie oft hat er getönt, dass seine Taschen tief sind. Er ist doch Multimillionär, oder? Jetzt also nicht mehr. Vor mir sitzt ein gebrochener Mann. Ein Mann, der nicht mehr weiterweiß.

Henk packt mich fest an den Schultern und sagt: »Du bist der Einzige, der uns hier noch rausholen kann, Ronnie. Du hast die größten Schritte doch schon getan. Mach zwei Wochen draus. Dann sind alle Probleme gelöst. Du hast es doch fast schon geschafft! Kann ich auf dich zählen?«

Er tut mir echt leid. Schließlich bin auch ich für die heutige Situation verantwortlich. Fast scheint es, als ob mir das neue Energie gibt. Ich schaue ihm in die Augen, packe ihn ebenfalls fest an den Schultern und nicke bestätigend: »Natürlich, Henk, du kannst dich auf mich verlassen. Jetzt erst recht. Ich werde mein Bestes geben! Gemeinsam kriegen wir das hin. Wir haben es ja fast geschafft!«

Der Barkeeper kommt mit den zwei Kaffees. Ich stürze meinen hinunter und zwinge Henk, seinen auch zu trinken. Dann bezahle ich schnell. Ich lotse Henk zu meinem Auto und bringe ihn nach Hause. Sein Auto kann er morgen holen.

Teil VI
Ziellinie

Überholvorgang

Während ich nach Hause zurückfahre, geht mir eine Menge durch den Kopf. Es ist alles so paradox. Einerseits war das Unternehmen in puncto Lieferzeit noch nie so gut. Und auf der anderen Seite standen wir noch nie so dicht vor einem Konkurs. Und ausgerechnet jetzt, wo ich mehr Zeit habe, um zu Hause bei Yvonne zu sein, und mich sogar an den Gedanken gewöhnen kann, eine Familie zu gründen, ist unsere Beziehung auf einem Tiefpunkt und sie wohnt bei ihrer Schwester.

Was nun?

Ich nehme mir vor, Yvonne Zeit zu geben. Alles, was ich jetzt versuche oder verspreche, ist wahrscheinlich wie Öl ins Feuer gießen. Ich telefoniere kurz mit meinem Schwager. Der lässt durchblicken, dass alles wohl halb so schlimm ist und Yvonne gar nicht mehr so wütend zu sein scheint. Er meint, ich solle sie heute Abend einfach mal anrufen, und murmelt noch was über Frauen und Schwangerschaft. Ich schenke dem keine weitere Beachtung. Ich bin schon froh, dass sich ihr Ärger etwas gelegt hat.

Danach suche ich die Telefonnummer von Formel-1-Teamchef Edwin heraus. Noch während ich überlege, was ich auf seinen Anrufbeantworter sprechen will, meldet er sich persönlich: »Hallo, hier ist Edwin.«

Vor lauter Begeisterung beginne ich aufgeregt zu reden: »Hey, hallo. Hier ist Ronald Verhulst. Super, dass du direkt dran bist! Wir haben uns bei der Formel 1 in Belgien getroffen, erinnerst du dich? Ach, übrigens, herzlichen Dank, dass du dir die Zeit genommen hast, mir ein paar Tipps zu schicken, das hat mir sehr geholfen!«

»Gerne. Aber – bitte hilf mir auf die Sprünge. Ronald, sagtest du? Oh ja, jetzt weiß ich's wieder. Wir haben uns an der Bar beim Rennen in Francorchamps kennengelernt!?« Im Hintergrund höre ich das Röhren vorbeirasender Rennwagen.

»Ja, genau! Du hast mir damals etliche Tipps gegeben, wie wir im Unternehmen schneller werden können. Ich habe sie alle umgesetzt: die Mitarbeiter einbeziehen, eine sichere Umgebung schaffen, in der man Fehler machen darf, Entscheidungen schneller treffen, jede Woche Zeit freihalten, um zu lernen und zu reflektieren, usw. Jede Abteilung macht richtig gute Fortschritte beim Schnellerwerden, doch nun müssen wir nochmals einen Sprung machen. Wir haben die Lieferzeit inzwischen von sechzehn auf drei Wochen reduziert. Das ist fantastisch, aber wir müssen davon noch eine Woche abknapsen. Hast du vielleicht noch Ideen?«

Edwin reagiert, als ob ich eine dumme Frage gestellt hätte: »Woran ich mich aus unserem Gespräch noch erinnere, ist, dass ihr es damals auch schon mal in zwei Wochen geschafft habt. Stimmt doch, oder? Warum hat es damals funktioniert?«

Ich sage im selben Tonfall: »Du meinst die Küche für diesen Hamburger Sternekoch-Promi? Ja, das stimmt, aber das ist doch etwas völlig anderes. Das war eine außergewöhnliche Situation!«

Daraufhin Edwin mit resoluter Stimme: »Es gibt keine Ausnahmesituation. Oder alles ist außergewöhnlich. Deshalb findest du dort deine Lösung. Unser bester Boxenstopp bildet die Basis für alle Boxenstopps. Wenn etwas gelingt, lernen wir daraus, was wir in Zukunft tun müssen, um erfolgreich zu sein. Wir versuchen, es häufiger hinzubekommen. Ihr habt damals zwei Wochen lang alle sehr eng zusammengearbeitet. Das ist bei uns nicht viel anders. Weißt du, es ergibt absolut keinen Sinn, das schnellste Getriebe der Welt zu haben, wenn der Rest des Autos Schrott ist.«

Ich verstehe nicht, was er damit meint, und erwidere: »Entschuldige, aber ich kann dir wirklich nicht folgen. Was hat ein Getriebe mit einer Küche zu tun?«

Im Hintergrund rast wieder ein Auto mit ohrenbetäubendem Lärm vorbei. Edwin hebt die Stimme: »Hör auf, in Abteilungen zu denken. Die spielen keine Rolle! Es geht darum, was der Einzelne tut und was er kann, nicht in welcher Abteilung er ist. Stell ein kleines Team zusammen, das vom Anfang bis zum Ende das Ergebnis verantwortet. So wie bei uns.« Er wartet kurz, bis wieder ein paar Autos vorbeigefahren sind, und fährt dann fort: »Es ist wie bei einem Boxenstopp. Der eine bedient den Wagenheber, der Nächste schraubt das linke Hinterrad los, wieder ein anderer montiert das neue Rad und so weiter. Das sind alles verschiedene Disziplinen, aber sie arbeiten alle zusammen an einem Ergebnis, für das sie gemeinsam verantwortlich sind.«

So langsam fange ich an zu begreifen. Ich versuche mir vorzustellen, wie lange ein Boxenstopp dauern würde, wenn das Auto erst rechts ein neues Vorderrad bekommt, dann weiterfahren muss zur nächsten Box für das linke Vorderrad. Und dann im schlechtesten Fall dort noch warten muss, bis es an der Reihe ist. Boah! Natürlich funktioniert das nicht. Und natürlich ist das viel zu langsam.

Edwin fragt: »Hallo, bis du noch da?«

Ich antworte: »Ja, entschuldige, ich musste das erst mal verdauen. Du meinst also, ein Team zusammenstellen, das eine Küchenbestellung komplett abwickelt, von Anfang bis Ende, vom Auftragseingang bis zur Auslieferung? Aber das geht doch gar nicht!«

Edwin, hörbar verärgert, sagt mit sarkastischem Tonfall: »Ja, das ist, was ich immer höre. ›Bei uns geht das nicht.‹ Nun, wenn du es nicht probierst, dann wirst du es auch nie erfahren! Es ist wie beim Sport. Wenn man etwas zum ersten Mal macht, dann kriegt man Muskelkater. Aber dann sagst du doch auch nicht: ›Sport treiben funktioniert nicht für mich, davon bekomme ich Muskelkater‹? Nichts für ungut, aber ich muss wieder los. Keine Angst. Du kannst das! Einfach machen!« Dann legt er auf.

Ich starre vielleicht zehn Minuten durchs Autofenster nach draußen. Der Tag bricht an. Plötzlich fällt mir der Spruch auf der Toilette bei Faster Racing wieder ein: »Alle sagten immer ›Das geht nicht‹, dann kam jemand, der das nicht wusste, und hat es einfach gemacht!« Kann es sein, dass ich zu oft »Das ist unmöglich!« denke? Was wäre, wenn wir es einfach einmal ausprobieren? Wenn wir in kleinen Teams arbeiten würden, die jeweils eine Küche aufmessen, produzieren und ausliefern – als wäre es ein Boxenstopp? Könnte das die Lösung sein?

Zum Teufel noch mal! Küchen liefern wie ein Boxenstopp! Dann wird es wirklich zur *Formel Kitchen*!

Poleposition

Januar; Status: Lieferzeit eine Woche

Als ich die Idee von »Boxenstopp-Teams« während unseres Weekly vorstellte, war nicht jeder begeistert. Sie erinnerten sich an den Begriff noch aus den Werbespots von Henk und diese hatten den Laden gewaltig umgekrempelt. Der erste Zuspruch kam von den Mitarbeitern aus der Produktions- und Auslieferungsabteilung. Sie waren nun schon seit ein paar Wochen dabei, ihre Teams zusammenzuführen. Stolz berichteten sie, dass sie nun viel mehr Freude an ihrer Arbeit hätten. Im Interesse des Kunden zusammenarbeiten – ohne dieses »Wir-die«-Getue.

Die Bemerkung über »Wir-die« erinnerte mich übrigens direkt an zu Hause. Yvonne und ich haben zum ersten Mal in unserer Beziehung eine wirklich schwierige Zeit durchgemacht. Beim Thema Kinder hatten wir beide komplett entgegengesetzte Vorstellungen. Und als Yvonne dann bemerkte, dass sie zu spät wieder mit dem nächsten Pillenstreifen begonnen hatte und ihren gesteigerten Appetit einer Schwangerschaft zuschrieb, hatte sie nicht das Gefühl, das mit mir teilen zu können. Am Ende war es falscher Alarm, aber mein Vorschlag, mit Kindern noch zu warten, löste bei ihr doch Zweifel an unserer Beziehung aus. Wir machten einander viele Vorwürfe. Zum Glück begannen wir nach einer gewissen Zeit doch wieder, dem anderen zuzuhören. Vor allem bei mir wurde es höchste Eisenbahn. Es war ein guter Schachzug von Yvonne, eine Zeitlang bei ihrer Schwester zu wohnen, denn so wurde uns beiden sehr schnell klar, dass wir einander ungeheuer vermissten. Bei all dem Stress durch Arbeit und Studium sprachen wir eigentlich kaum noch miteinander. Wir waren nicht mehr das Team, das wir jahrelang gewesen waren, und dadurch entstanden allerlei Missverständnisse.

An Weihnachten waren wir bei ihren Eltern zu Besuch und ich war überrascht, als ich Yvonne mit ihrer Mutter über Kinder reden hörte. Sie standen um die Ecke in der Küche und ich konnte das Gespräch mit anhören, ohne dass sie es bemerkten. Sie sprach mit ihrer Mutter offen über ihre eigenen Zweifel, ob sie im Augenblick, vor allem nach ihrer Ausbildung und der beruflichen Veränderung, überhaupt übers Kinderkriegen nachdenken sollte. Das war wie eine Offenbarung für mich. Ich dachte die ganze Zeit, dass Yvonne es gar nicht erwarten konnte, schwanger zu werden, aber das war offensichtlich nicht der Fall. Ein Kind würde ihr Leben gewaltig verändern und sie war sich nicht sicher, ob sie das eigentlich wirklich wollte. Durch den Verdacht, schwanger zu sein, hatte sie über vieles noch einmal gründlich nachgedacht. Ich war völlig überrascht. Dann sagte sie noch: »Ich streite mich oft mit Ronald darüber, aber der Grund ist nicht so sehr, weil ich jetzt unbedingt Kinder haben will. Es ist vor allem, dass er mir das Gefühl gibt, bei der Entscheidung nicht mitreden zu dürfen. Er hat für sich bereits entschieden, dass er keine will, und ich habe das zu akzeptieren.«

Auf der Heimfahrt im Auto hatten wir ein sehr gutes Gespräch. Das Verrückte daran war, dass wir eigentlich dasselbe empfinden. Beim Kinderwunsch steht es fifty-fifty für uns beide. Wir wollen Kinder, aber warum gerade jetzt? Nur, je mehr Yvonne versuchte, mich davon zu überzeugen, dass jetzt der richtige Zeitpunkt wäre, desto stärker argumentierte ich dagegen. Auch ein Beispiel dafür, dass Aktion zu Reaktion führt. Und so entstand der Eindruck, dass sie hundert Prozent für Kinder und ich zu hundert Prozent dagegen war. Doch eigentlich wollten wir beide weitestgehend dasselbe. Wir haben uns nun entschlossen, es uns noch einmal zu überlegen. Vermutlich wird uns die Zeit von selbst die Einsicht liefern, die wir suchen.

Nun gut, zurück zur Arbeit und den Boxenstopp-Teams. Wir haben zunächst mit ein paar Teams angefangen. Und die Teams mussten sich auf jeden Fall erst einmal daran gewöhnen, dass sie nun für alles selbst verantwortlich waren. Was am Anfang auch nicht immer geklappt hat. So wurde dann doch beispielsweise der Kunde an den Kundenservice verwiesen. Wir beobachteten auch, dass die Mitglieder des Teams immer noch an ihren alten Rollen festhielten: »Ja, aber ich bin doch aus der Auslieferungsabteilung, ich arbeite nicht in der Produktion mit.«

Doch je mehr wir dranblieben, desto besser lief es. Und plötzlich sah es so aus, als ob einfache Küchen sogar innerhalb einer Woche geliefert werden können! Das Experiment weitete sich damals schnell aus. Jeder wollte dabei sein. Und heute, zwei Monate später, machen wir den Switch mit dem gesamten Unternehmen. Wir haben praktisch keine Abteilungen mehr. Stattdessen gibt es zwanzig multidisziplinäre Boxenstopp-Teams mit je vier Mitgliedern. Jedes Team arbeitet immer an genau einer Küche. Und sie erledigen wirklich alles selbst, vom Aufmessen und Planen bis zum Produzieren und Ausliefern, inklusive Kontakt zum Kunden und Bestellung von Materialien und Geräten.

Die Kundenserviceabteilung von Laura wurde aufgelöst, weil die Teams den Kundenkontakt selbst übernehmen. Die Verkäufer aus Pauls Vertriebsabteilung, die weiterhin in den Showrooms arbeiten, nehmen nun auch zentral eingehende Anrufe entgegen und stellen sie so schnell wie möglich zu den Teams durch. Laura und einige andere Kollegen, deren Arbeitsplätze nun eingespart waren, haben mit unserer Unterstützung zum Glück schnell andere Jobs gefunden.

Wie funktioniert die Arbeit der Boxenstopp-Teams nun in der Praxis? Ich will es erklären. Der Kunde besucht unseren Webshop oder einen unserer Showrooms vor Ort, um sich über unsere Küchen zu informieren. Wir führen dort keine komplizierten Verhandlungen mehr. Der Kunde wählt einfach eine von drei Optionen mit jeweils einem Festpreis aus: Budget, Standard oder Luxus. Jeder bezahlt gleich viel. Eine Küche kaufen ohne viel Schnickschnack, so bezeichnen wir das.

Die Küchen aus der Kategorie Budget und Standard haben eine Lieferzeit von einer Woche. Bei den Luxus-Küchen dauert es zwei Wochen. Der Kunde entscheidet, in welcher Woche er die Küche geliefert bekommen will. Oft ist es für den Kunden gar nicht erforderlich, dass wir so schnell liefern. Und wenn wir das Lieferdatum wählen dürfen, erhält der Kunde einen Rabatt. So sorgen wir dafür, dass wir die Schwankungen ausgleichen können.

Der Zeitplan einer Budget- oder Standard-Küche sieht folgendermaßen aus. Sobald der Termin ansteht, fährt am Montagnachmittag das Boxenstopp-Team zum Kunden. Sie messen den Raum aus, erstellen gemeinsam mit dem Kunden eine 3D-Zeichnung und lassen ihn an Ort und Stelle alle Details wählen: welche Geräte, welche Materialien usw. Wir nennen das einen »Showroom frei Haus«. Das gesamte Team kommt zum Kunden nach

Hause. So kann jeder alles mit eigenen Augen sehen und es muss nichts weitergegeben werden. Eventuelle Probleme kann jeder direkt vor Ort sofort erkennen. Jedes Teammitglied hat Ideen und Optionen aus Sicht seines speziellen Fachgebiets. Daraus ergeben sich oft äußerst intelligente Lösungen, an die niemand, nicht einmal der Kunde, vorher gedacht hat.

An diesem Nachmittag plant das gesamte Team für den Kunden, beim Kunden, zusammen mit dem Kunden. Sie klären, ob es Dinge gibt, auf die sie zu achten haben, zum Beispiel eine Nachbarin, die nach ihrer Nachtschicht dringend Ruhe am Vormittag braucht, oder irgendwelche Leitungen, die verkehrt liegen, egal. Alles wird vor Ort geregelt und geklärt durch die Menschen, die die Arbeit tatsächlich auch verrichten.

Am Dienstag und Mittwoch arbeitet das Team in der Fabrik daran, die Küche auf Maß zuzuschneiden und aufzubauen. Auch das machen alle gemeinsam. Erforderliche Anpassungen z. B. an den Rohrleitungen oder Steckdosen werden ebenfalls an diesen zwei Tagen direkt beim Kunden durchgeführt. Manchmal wird dies von einem der Teammitglieder erledigt, manchmal von einer externen Fachkraft, mit der ein Team gerne zusammenarbeitet. Und auch das organisieren sie selbst. Am Donnerstagmorgen steht das Team wieder beim Kunden vor der Tür, um die Küche zu liefern. Sie nehmen ihren Transporter mit, in dem sich eine festinstallierte Sägemaschine befindet. So haben sie alle erforderlichen Werkzeuge dabei, um vor Ort wenn nötig noch Anpassungen vorzunehmen, sollten sie doch etwas übersehen haben. Es gibt keine Probleme mehr mit dem Warten auf neue Schränke, wenn irgendetwas nicht passt. Es wird manchmal schon gemunkelt, man könnte doch die ganze Küche gleich vor Ort beim Kunden produzieren. Dann bräuchten wir nicht einmal mehr eine Fabrik, sondern nur noch ein Lager. Aber das halte ich im Augenblick noch für Zukunftsmusik.

Am Freitagmorgen werden die letzten Punkte auf das sprichwörtliche »i« gesetzt. Ein paar Stunden später ist dann der schönste Moment der Woche: Sie feiern gemeinsam mit dem Kunden, sofern er das will, eine kleine Party. Aus ihrem Transporter holen sie einen großen Blumenstrauß, eine Flasche Champagner und etwas zum Knabbern und tragen alles stolz in die neue Küche.

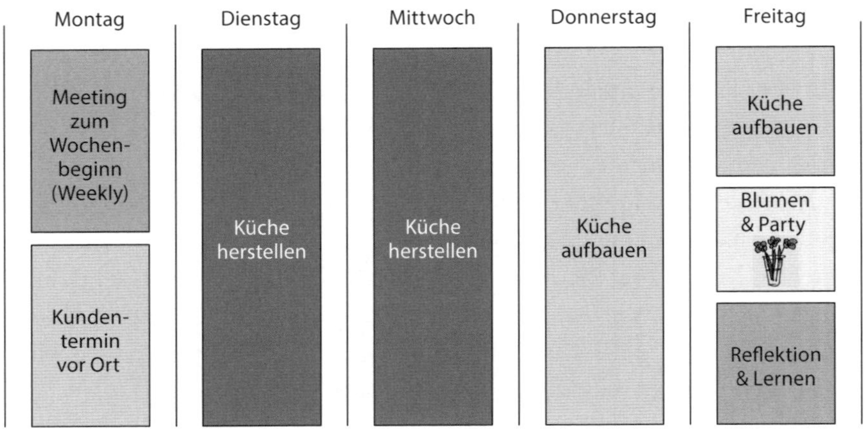

Bevor das Team ins Wochenende geht, blicken sie noch einmal gemeinsam auf die vergangene Woche zurück. Sie besprechen Verbesserungsmaßnahmen und geben einander Feedback. Das machen sie, wo es ihnen gefällt, manchmal beim Kunden, manchmal kommen sie zurück in die Fabrik. Aber es gibt auch Teams, die sich unterwegs in einer Raststätte zusammensetzen, oder sie treffen sich reihum bei einem der Teammitglieder zu Hause, mit einem anschließenden gemeinsamen Essen. Mir ist das ganz gleich, solange sie sich die Zeit nehmen, um gemeinsam aus ihrer Arbeit zu lernen und sich zu verbessern.

Wenn eine Luxus-Küche geliefert werden soll, sieht der Zeitplan fast ebenso aus, wobei in der ersten Woche produziert und in der zweiten Woche geliefert wird.

Am Montagmorgen kommen wir noch immer alle zu unserem Weekly in der Kantine zusammen. Dann feiern wir die Erfolge und teilen die Beobachtungen und Lernerfahrungen der vergangenen Woche. Das ist unverzichtbar, denn Teams können auch voneinander lernen. Und dafür ist dieses Meeting zu Wochenbeginn sehr wichtig.

Wenn man sich unseren Wochenrhythmus genau ansieht, erkennt man, dass die Teams bei einer Budget- oder Standard-Küche nur dreieinhalb Tage mit Produktion und Auslieferung beschäftigt sind und anderthalb Tage planen und lernen. Wenn wir das noch weiter ausbauen, glaube ich, dass wir sogar in 72 Stunden liefern könnten, aber das habe ich Henk lieber noch nicht erzählt. Dem traue ich echt zu, dass er daraus einen Werbespot macht. Und dabei wahrscheinlich auch noch übertreibt. Der macht dann sicher »Heute bestellt, morgen geliefert« daraus. Ich mag gar nicht daran denken.

Ich kann mir durchaus vorstellen, dass es Kunden dafür gibt. Die Überlegungen, wie die Küche gestaltet sein soll, dürfen dann ruhig etwas länger dauern, aber sobald der Kunde sich entschieden hat, könnte seine Küche am nächsten Tag schon stehen. Das würde die Welt in unserer Branche total auf den Kopf stellen!

Anfangs wurden bei uns im Büro durchaus Meinungen laut, dass es absolut nicht effizient sei, mit einem ganzen Team eine komplette Woche an nur einer Küche zu arbeiten. Doch das stimmt nicht, denn es ist tatsächlich extrem effektiv. Und das ist, was zählt.

Vorher waren wir supereffizient und doch haben wir damals kaum Küchen ausgeliefert. Jeder war eifrig beschäftigt, aber wir traten uns nur gegenseitig auf die Füße. Und lediglich sechzig Prozent der Belegschaft hat wirklich an Küchen gearbeitet, der Rest war Overhead und Koordination. Unterm Strich jedenfalls ist unser heutiges Vorgehen letztendlich günstiger, denn es gibt viel weniger Nacharbeiten, weniger Fehler und die Wartezeiten sind kürzer. Zudem regeln die Teams heute eine Menge Dinge selbst, für die wir früher Büropersonal oder Abteilungsleiter hatten.

Ich bin stolz auf das, was wir erreicht haben: zufriedene Kunden und Ergebnisse, auf die die Teams stolz sind, jede Woche aufs Neue. Die Menschen waren noch nie so glücklich bei ihrer Arbeit!

Theo ist nun halbtags wieder in der Firma. Ihm ist in seiner Auszeit klar geworden, dass er eigentlich als Abteilungsleiter überhaupt nicht glücklich war und am liebsten mit seinen Händen arbeitet. Er ist nun Teil eines Teams, das Luxus-Küchen liefert, und das scheint ihm wirklich zu gefallen. Am Stammsitz des Unternehmens gibt es neben Wilma und Paul nur noch wenige Führungskräfte, die im Hintergrund arbeiten und die Teams unterstützen, falls das erforderlich ist.

Und was ist mit mir? Ich bin operational völlig überflüssig. Alles regelt sich von selbst, ganz ohne mich. Herrlich! Ich kann nun in Vollzeit am Wachstum unseres Unternehmens arbeiten.

Nicht arbeiten »bei« *Kitchen Quick*, sondern arbeiten »an« *Kitchen Quick*.

Finish

Samstagnachmittag, Mitte Februar

Henk hat mich gebeten, mal wieder mit ihm zu plaudern und gemeinsam auf die vergangene Zeit zurückzublicken. Daran habe ich, ehrlich gesagt, auch ein gewaltiges Interesse. Und ich werde Klartext mit ihm reden. Wie konnte er nur auf die Idee kommen, uns aus heiterem Himmel solch ein Megaproblem aufzuhalsen? Total unverantwortlich! Henk bestand darauf, dass wir uns nicht im Büro, sondern am Samstagnachmittag in seinem Lieblingsgolfklub treffen.

Normalerweise versuche ich, am Wochenende keine Geschäftstermine mehr wahrzunehmen. Durch die Beziehungskrise zwischen Yvonne und mir habe ich begriffen, dass es noch mehr als nur Arbeit gibt. Schon merkwürdig, dass man sich so sehr auf die Menschen stützt, die einem am teuersten sind, aber dass man sie dadurch auch vernachlässigen kann. Wir haben verabredet, dass Arbeiten am Wochenende prinzipiell tabu ist. Doch dieses Mal mache ich eine Ausnahme. Und ich habe das ausführlich mit Yvonne besprochen. Sie hatte nichts dagegen, vorausgesetzt, dass ich heute Abend etwas Leckeres koche. Und das fand ich eine super Idee. Seit ich in letzter Zeit häufiger zu Hause bin, habe ich mich nämlich zu einem passablen Hobbykoch entwickelt. Und ich habe ein paar interessante Rezepte gefunden, die ich gerne einmal ausprobieren möchte.

Dass sich Henk in seinem Golfclub verabreden will, kommt mir eigentlich entgegen. Von unserem Haus ist es nicht weit bis dorthin und die Sonne lacht. Der Winter scheint schon vorbei zu sein. Herrliches Fahrradwetter. Als ich auf mein Fahrrad steige, winkt mir Yvonne vom Fenster aus zu. Mir fällt plötzlich auf, dass sie völlig anders aussieht als sonst. Viel glücklicher und ausgeglichen. Sie strahlt. Ein freudiges Gefühl breitet sich in mir aus. Kann es sein, dass …?

Ich winke zurück, werfe ihr einen Handkuss zu und fahre los. Als ich eine knappe halbe Stunde später am Golfklub ankomme, fühle ich mich etwas unwohl, so auf meinem Fahrrad. Das gesamte Gelände ist von einem hohen Zaun umschlossen und es gibt keinen separaten Eingang für Fußgänger. Ich komme an ein geschlossenes Tor, auf dem ich ein Panel sehe, das wie eine Sprechanlage aussieht. Ich fahre mit meinem Mountainbike näher heran und drücke auf einen weißen Knopf neben einer Kamera. Es erklingt ein Ton. Ein paar Sekunden später leuchtet neben der Kamera ein grelles weißes Licht auf und eine Stimme sagt: »Guten Tag?«

Mir wird klar, dass die Kamera wahrscheinlich ein Bild von meinem Hintern auf einem Sattel überträgt. Etwas unbeholfen beuge ich mich herab und sage: »Ja, hallo, ich bin mit Henk Sneller zu einem Meeting verabredet.« Die Stimme erwidert: »Kommen Sie herein, Herr Verhulst. Herr Sneller erwartet Sie schon.«

Das Tor öffnet sich. Dahinter liegt eine lange Auffahrt mit Bäumen an beiden Seiten. An ihrem Ende steht ein gigantisches Klubhaus mit einem großen Parkplatz. Ich radele über die Straße auf das Klubhaus zu. An beiden Seiten des Weges sehe ich eine Handvoll Leute, die geschäftig mit Golfbällen und -schlägern hantieren. Fast alles Männer in Henks Alter, knapp über die Sechzig. Sie schauen mir verwundert nach, als ich auf meinem Fahrrad vorbeifahre.

Als ich den Parkplatz erreiche, fällt mir auf, wie viele teure Autos hier stehen: BMW, Mercedes, Porsche und Tesla, sogar ein roter Ferrari. Ich stelle mein Fahrrad direkt neben dem Eingang des Klubhauses ab, ein klein wenig um die Ecke, außer Sicht. Während ich es anschließe, sehe ich Henk wild nach mir winken. »Hey Ronnie, hierher!!« Er sieht schick aus in seinem gelben Poloshirt und mit grellgrünen Hosenträgern, die seine Hose halten. Ohne Cowboyhut heute, doch mit einer gestreiften Mütze.

Ich laufe auf ihn zu und ehe ich etwas sagen kann, hat er mich schon umarmt. Solche Vertraulichkeiten bin ich von Henk gar nicht gewohnt. Ein bisschen perplex sage ich: »Hey Henk, wie geht's dir? Du schaust wieder etwas besser aus als noch vor ein paar Monaten bei unserem letzten Treffen. Damals sahst du aus wie ein Landstreicher. Und hast auch so gerochen!«

»Psst, Mund halten, das muss hier nicht jeder wissen!«, flüstert er mir leise, aber eindringlich zu. Wir setzen uns. Henk fragt sofort: »Na, worüber wollen wir uns unterhalten?« Doch bevor ich etwas sagen kann, winkt er den Kellner heran: »Ich nehme noch einen frisch gepressten Saft. Willst du auch etwas, Ronnie?« »Für mich einen Kaffee, schwarz, bitte«, erwidere ich.

Dann lege ich los: »Also, Henk, worüber ich auf jeden Fall mit dir sprechen will, ist, wie wir vermeiden können, dass wir noch einmal in einer derart beschissenen Lage landen.«

Er runzelt seine Stirn und sagt: »Eine beschissene Lage? Wie meinst du das? Ist doch alles o-ber-su-per?! Wir haben noch nie so viel Umsatz gemacht. Und unsere Kunden sind noch nie so zufrieden gewesen. Und obendrein sind die Menschen im Unternehmen motivierter denn je. Win-win-win!«

Ich versuche vergeblich, ihn zu unterbrechen: »Ja, aber …«

Henk spricht lebhaft weiter: »Kein ja aber. Du hast einen richtig guten Job gemacht, Ronnie. Es gibt überhaupt keinen Grund, deshalb ärgerlich zu sein. Schau nur, was du zuwege gebracht hast. Aber jetzt erzähl mal, wie du das hingekriegt hast?«

Henks Begeisterung macht es schwer, lange wütend zu bleiben. Von meinem Vorhaben, ihm mal so richtig die Meinung zu sagen, bleibt wenig übrig. Er schaut mich mit großen, fragenden Augen neugierig an. Ich denke für einen Moment an die letzten Monate zurück. Es ist wirklich eine Menge passiert. Wie in einem Film sehe ich alles an mir vorbeiziehen. Was für eine Achterbahn! Ohne die Inspiration und Unterstützung von Edwin hätte ich das nie geschafft.

Deshalb sage ich dann auch: »Eigentlich ist alles nur ein dummer Zufall, Henk. Jemand hat mir eine VIP-Karte für die Formel 1 geschickt. Und dieser Besuch war echt Gold wert! Ich habe dort den Teamchef eines Rennteams getroffen und bin mit ihm in Kontakt geblieben. Er hat mir in letzter Zeit ein paar wichtige Tipps und Einsichten vermittelt. Später haben wir dann noch das Werk des Rennteams besucht. Und auch dort haben wir eine Menge gelernt!«

Henk beginnt zu schmunzeln: »Soll ich dir ein kleines Geheimnis verraten, Ronnie? Ich habe diese Exkursion für dich arrangiert. Und nicht nur das – auch die anderen Informationen kamen von mir. Du weißt schon, die Seite aus diesem Buch! Und die VIP-Karte natürlich auch!« Ich schaue ihn ungläubig an. Was soll das nun wieder? Behauptet Henk jetzt, dass er hinter allem steckt? Er hat ja häufiger den Hang, sich mit irgendetwas zu brüsten, aber das kann ich nicht glauben. Ich bleibe dabei, dass alles Zufall war, schiebe die Idee zur Seite, dass er auch nur irgendetwas damit zu tun haben könnte, und sage: »Ja ja, Henk, ganz sicher«, und gebe ihm mit meinem Gesichtsausdruck zu verstehen, dass ich es ganz und gar nicht ernst nehme.

»Nein, Ronnie, wirklich. Ich habe schon länger gesehen, dass der Laden nicht lief. Eine durch und durch müde Truppe. Eingeschlafen, Mittelmaß und jeder fand es prima so. Als ich dann auf Reisen in China war, habe ich begriffen, dass die Konkurrenz von dort kommen wird. Es musste etwas passieren, um alle wieder ein bisschen ›in die richtige Spur‹ zu bringen. Einschließlich dir. Und wenn ich dir meine Tipps selbst gegeben hätte – du hättest sie niemals von mir angenommen. Also musste ich es anders anpacken, um etwas in Gang zu setzen. Deshalb der Werbespot, die VIP-Karte und der Ausflug in das Werk, den ich über Paul organisiert habe. So würdest du es selbst herausfinden. Ich wusste, dass du das kannst! Und du hast es hervorragend hinbekommen, nur den letzten Schritt, den wolltest du nicht gehen. Deshalb musste ich nochmal ran. Ich musste dir das Gefühl vermitteln, dass das Ende in Sicht ist und ich beinahe pleite bin.«

Ehe ich etwas sagen kann, fährt er fort: »Ich habe mich eine Woche lang nicht rasiert und gewaschen. Ich stank fürchterlich. Nach dieser Woche bin ich in diese Bar gegangen. Dort habe ich drei Bier getrunken und vom Barkeeper zehn Whisky auf die Rechnung setzen lassen. Dann habe ich dich angerufen. Ich musste dir klarmachen, dass der Laden lichterloh brennt. Nur dann würdest du den letzten Schritt gehen. Und siehe da, als der Karren komplett aus der Kurve zu fliegen drohte, hast du die Lösung erkannt. Und hast es dann auch noch auf die Reihe gekriegt! Ich bin stolz auf dich!«

Ich bin völlig perplex. Kann das wahr sein? Nein, oder? Hat er mich so zum Narren gehalten? Ich sage: »Henk, was soll das? Du warst doch beinahe pleite? Dein ganzes Geld war doch weg durch all die gratis Küchen? Wir hatten doch nur noch vier Wochen, ehe alles zu spät ist?«

Henk schaut mich schmunzelnd an und sagt: »Nein, Ronnie. Aber es hätte wirklich so kommen können, denn das Geld ging säckeweise zur Tür raus. Aber hey, mach dir keine Sorgen. Du weißt doch, ich habe sehr tiefe Taschen!« Dann schaut er auf seine Uhr und sagt gehetzt: »Oh Shit, ist es wirklich schon so spät? Ich muss los, meine Runde beginnt in zehn Minuten und ich will mich noch aufwärmen und einschlagen.«

Er steht auf und drückt mir kräftig die Hand. Dann zieht er mich hoch, um mich wieder zu umarmen. Was ist mit dem Kerl nur los? Er legt wieder seine Arme auf meine Schultern und schaut mir direkt in die Augen, wie damals bei unserem Treffen in der Bar: »Nochmals ganz herzlichen Dank für all deine Arbeit, Ronnie. Du bist der beste Geschäftsführer, den ich mir je hätte wünschen können. Und, oh ja, der Notar wird sich im Laufe der Woche bei dir melden. Ich habe nämlich gestern unterschrieben, dass fünfundzwanzig Prozent der Anteile von *Kitchen Quick* von nun an dir gehören. Aber da reden wir ein andermal noch drüber.«

Ehe ich etwas erwidern kann, ist er um die Ecke verschwunden. Ich bleibe verdattert zurück, nehme einen Schluck von meinem Kaffee und denke darüber nach, was er eben gesagt hat. Hat Henk etwa eine Verbindung zur Formel 1? Und – auf einmal bekomme ich Anteile. Ein Viertel des Unternehmens? Ich bin baff! Und will so schnell wie möglich nach Hause. Das muss ich Yvonne erzählen! Ich schwinge mich auf mein Rad und sprinte in Richtung Ausgang.

Auf halber Strecke kommt mir auf der Auffahrt ein schwarzes Aston-Martin-Cabriolet entgegen. Das Logo auf der Seite des Autos kommt mir bekannt vor. Als der Wagen näherkommt, erkenne ich Edwin, den Teamchef des Formel-1-Teams. Im Vorbeifahren winkt er überschwänglich und ruft: »Hey, Ronald!«

Ich habe nicht die Möglichkeit, etwas zu erwidern. Er schaltet und tritt kurz aufs Gas. Ich bremse, halte an und schaue zurück.

In der Ferne sehe ich ihn einparken und aussteigen. Henk läuft auf ihn zu. Sie umarmen sich herzlich. Wie echte Freunde. Erst da fällt bei mir der Groschen.

Faster Racing … Henk Sneller … zum Teufel nochmal!

Das Modell

SCHNELLER

Geschwindigkeit ist ein integraler Bestandteil von allem, was wir tun. Digitalisierung, Internet, Mobiltelefone, Apps und Software haben unser Leben fundamental verändert und beschleunigt. Vielen Menschen und Organisationen fällt es schwer, in dieser sich schnell verändernden Welt mitzuhalten. Wir stehen unter Druck, immer schneller Innovationen hervorzubringen, doch die Arbeitskultur bleibt risikovermeidend. Wir haben nicht genug Zeit, um unsere Arbeit zu erledigen, aber wir füllen unseren Arbeitstag mit langen Meetings. Uns fehlen die Informationen, die wir brauchen, doch wir werden begraben unter E-Mails, Apps, PowerPoint-Präsentationen und Reports. Führungskräfte und Mitarbeiter sind frustriert und die besten Leute rennen weg zu Unternehmen, die es offensichtlich besser im Griff zu haben scheinen.

Es ist deshalb unumgänglich, dass wir unsere Organisationen im Kern erneuern, um mehr Geschwindigkeit zu erzielen. Denn der Schnellste gewinnt – und das nicht nur in der Formel 1. Schnelligkeit ist zu einer grundlegenden Überlebenskompetenz geworden. Aber wie soll das gehen? Wie können wir Organisationen so gestalten, dass sie in dieser sich schnell verändernden Welt erfolgreich sein können?

Über Geschwindigkeit weiß man im Übrigen eine ganze Menge. Es gibt Theorien, Modelle und Lösungen, um die Geschwindigkeit zu erhöhen. Sie sind Thema dieses Buches und in der Geschichte von Ronald und *Kitchen Quick* verpackt (für manchen vielleicht auch versteckt). Deshalb dieses letzte Kapitel. Hier werden alle Ansätze zum Beschleunigen ohne das ganze Drumherum der Geschichte noch einmal aufgelistet und in sieben Komponenten zusammengefasst, die dabei helfen, die Prozesse in Organisationen zu beschleunigen.

Mit dem Wort »Geschwindigkeit« sind durchaus auch negative Assoziationen verbunden: hohe Arbeitsbelastung, Stress, mangelhafte Qualität, unzufriedene Kunden, faule Kompromisse und übereiltes Vorgehen. Wie das Sprichwort schon sagt: »Eile mit Weile.« Es ist wirklich nicht nötig, Geschwindigkeit auf diese Weise zu betrachten. Extreme Geschwindigkeit kann nämlich auch sehr positive Auswirkungen auf Aspekte wie Qualität, Arbeitsaufwand und Kundenzufriedenheit haben. Will man extrem schnell sein, ist man gezwungen, die Dinge intelligenter zu organisieren, denn indem man lediglich noch härter arbeitet, schafft man es nicht.

Im Kern des Theoriemodells, auf dem die Geschichte dieses Buches aufbaut, geht es eigentlich überhaupt nicht um Geschwindigkeit. Die Geschwindigkeit bleibt nämlich konstant, solange man nichts zusätzlich unternimmt. Das erste Newtonsche Gesetz, auch als Trägheitsgesetz bekannt, sagt dazu: Wenn die Summe aller auf einen Körper wirkenden Kräfte null ist, ist auch die Beschleunigung null. Der Körper bewegt sich dann mit konstanter Geschwindigkeit auf einer geraden Linie (oder steht still). Man kann auch sagen, dass sich die Geschwindigkeit nur durch Beschleunigen verändert. Und dazu braucht es zusätzliche Anstrengungen, zusätzliche Kraft. Die aktuelle Geschwindigkeit trägt dazu in keiner Weise bei. Anders gesagt: Wer eine höhere Geschwindigkeit anstrebt, sollte den Fokus hauptsächlich auf die Beschleunigung legen, denn durch Beschleunigen wird man automatisch schneller.

Das Theoriemodell besteht deshalb aus sieben Bestandteilen, deren Anfangsbuchstaben zusammen das Wort »SCHNELLER« bilden:

- *SCHnell und eigenverantwortlich entscheiden* – umkehrbare Entscheidungen und geteilte Autorität
- *Nordstern* – eine eindeutige Richtung und ein klares, inspirierendes Ziel, das als Kompass dient
- *Einfacher* – die Kunst des Weglassens und Vereinfachens
- *Lernen und anpassen* – Handeln statt lange nachdenken: Wer am schnellsten lernt, gewinnt.
- *Leidenschaftliche Teams* – intrinsische Motivation, Autonomie und Ownership
- *Elementare Physik* – die jahrhundertealten Prinzipien hinter Geschwindigkeit und Beschleunigung
- *Rhythmus* – Organisation in einem Takt sich wiederholender Interaktionsmomente

Schnell und eigenverantwortlich entscheiden

Langwierige Entscheidungsprozesse sind in vielen Organisationen ein zentraler Grund für Verzögerungen. In vielen traditionellen Organisationen ist es völlig normal, dass man nichts unternehmen darf, ehe man dafür die Genehmigung erhalten hat. Dahinter steckt die Idee, dass die beste Art, Risiken zu vermeiden, darin besteht, die Entscheidungshoheit bei einer ausgewählten Gruppe kluger und verantwortlicher Menschen zu zentralisieren: bei Managern und Geschäftsführern. Diese sind jedoch häufig nicht in der Lage, die Notwendigkeiten und Konsequenzen zu überblicken. Das führt zu zusätzlichen Rückfragen und ergänzenden Maßnahmen. Wird um eine Genehmigung ersucht, verschiebt sich die Verantwortung von dem, der anfragt, hin zu dem, der sie erteilt. Und deshalb will Letzterer auf jeden Fall alle Informationen vorliegen haben und sicherstellen, dass er oder sie im Falle von Problemen über gute Argumente verfügt.

Menschen besitzen folglich oft nicht die ausreichende Autorität, um ihre Rolle gut ausfüllen zu können. Und vielen Menschen gefällt das sogar, denn so liegt die Verantwortung nicht bei ihnen, sondern bei dem, der entscheidet. Wenn man dann noch berücksichtigt, dass in vielen Organisationen Fehlentscheidungen bestraft werden, ist es nicht verwunderlich, dass viele Menschen in ihrem Arbeitsumfeld keine Verantwortung übernehmen wollen und sich lieber zurücklehnen und entspannen.

Das ist vor allem dann ein Problem, wenn die Zustimmung anderer Abteilungen erforderlich ist. Diese wollen in der Regel die Verantwortung keinesfalls übernehmen und haben häufig noch nicht einmal Bedarf an dem Thema. »Nein« ist dann eine viel bequemere Antwort als »Ja«. Mit einem »Nein« geht man nämlich kein Risiko ein. Und damit bleibt die Verantwortung bei der Person, die anfragt. Somit dauert die Entscheidungsfindung in traditionellen Organisationen oft sehr lange und häufig muss bis auf höchster hierarchischer Ebene diskutiert werden, bevor Entscheidungen getroffen werden. Wahrscheinlich wird im Laufe dieses Prozesses auch eine Menge Rauschen entstehen. Und dann kann es passieren, dass, wenn letztendlich eine Entscheidung getroffen wird, der Nutzen und die Notwendigkeit bereits nicht mehr gegeben sind.

In der Geschichte von *Kitchen Quick* gehören die Diskussionen zwischen den verschiedenen Abteilungsleitern permanent zur Tagesordnung. So will Paul mit seinem Vertriebsteam nicht die Verantwortung für das Aufmaß der Küchen übernehmen. Die anderen gehen jedoch davon aus, dass sie bei dieser Abteilung liegt, obwohl sich eigentlich alle einig sind, dass die Verkäufer das im Grunde gar nicht leisten können. Ronald erkennt durch den Entscheidungsbaum (den er über Henk zugespielt bekommt), dass Entscheidungen oft umkehrbar sind. Für ihn war das eine wichtige Erkenntnis. In der Geschichte vollzieht er diesen gedanklichen Schritt schneller als seine Abteilungsleiter. Das ist logisch, da diese ihre Existenzberechtigung innerhalb ihrer Funktion in hohem Maße aus der persönlichen Entscheidungsbefugnis ableiten. Ab einem bestimmten Zeitpunkt geht Ronald sogar so weit, dass er alle Entscheidungen den Mitarbeitern überlässt, was dazu führt, dass diese teure Maschinen anschaffen. Doch selbst da wird in der Geschichte deutlich, dass die Mitarbeiter an der Basis – in diesem Falle Nelson – oft sehr gute und durchdachte Entscheidungen treffen. Dieses Vertrauen verdienen Mitarbeiter. Am Ende wird bei *Kitchen Quick* jeweils ein Kunde an ein Team gekoppelt und das Team trifft anschließend alle Entscheidungen selbst, ohne feste Regeln und mit nur sehr wenigen Rahmenbedingungen.

Schnelle Organisationen erkennen, dass das eigentliche Risiko darin besteht, zu langsam zu sein, um in dieser dynamischen und sich schnell verändernden Welt zu agieren. Deshalb gehen sie von der entgegengesetzten Prämisse aus: Jeder hat alle Freiheit und Autonomie, um für die Ziele und das Existenzrecht der Organisation einzutreten. Das heißt, dass man alles darf, es sei denn, es gibt (aus logischen Gründen) eine Regel, die diese Freiheit einschränkt. Solche Organisationen vertrauen auf die positive Absicht und das Urteilsvermögen der Menschen, die die Arbeit machen. Die Entscheidungsbefugnis wird so weit wie möglich zu Teams und Individuen am Rande der Organisation verschoben, weil dort direkter Kundenkontakt besteht und die richtigen Informationen verfügbar sind. Je weniger ein Team um Erlaubnis fragen muss, desto schneller wird es. Es ist deshalb sinnvoll, die Rahmenbedingungen, innerhalb derer eigenverantwortlich Entscheidungen getroffen werden können, explizit zu machen. Wie hoch ist beispielsweise der Betrag für eine Schadensvergütung, über den ein Team selbst entscheiden darf, und wie kann es die Zustimmung zu einem höheren Betrag erhalten? Setzen Sie diese Grenzen lieber etwas zu weit als zu eng.

David Marquet beschreibt in seinem Buch »Turn the Ship Around«, wie es ihm gelungen ist, die Verhaltensweisen auf einem U-Boot radikal zu verbessern, indem er seinen Führungsstil anpasste. Er nahm sich vor, nie wieder einen Auftrag zu erteilen, sondern stattdessen mit »Absichten« zu arbeiten. Jedes Mal, wenn jemand zu ihm kam und um Erlaubnis fragte, erwiderte er: »Was haben Sie vor zu tun?«, »Wie, denken Sie, wird meine Abwägung ausfallen?«, »Ist es richtig, es jetzt zu tun?« Das führte dazu, dass seine Untergebenen begannen, selbst über die Ziele und möglichen Konsequenzen der von ihnen geplanten Aktionen nachzudenken.

Schnelle Organisationen legen abhängig von der Situation und der Art der Entscheidung, die zu treffen ist, bewusst fest, wie diese Entscheidungen getroffen werden. Auf *www.formule-x.nl* finden sich Beispiele für verschiedene Methoden der Entscheidungsfindung. Die soziokratische Art der Entscheidungsfindung beispielsweise basiert auf Konsent, wobei man auf die Suche nach einem Zustand geht, bei dem es »keine Einwände« gibt. Eine Entscheidung ist dann getroffen, wenn keiner der Anwesenden einen mit Argumenten untermauerten und schwerwiegenden Einwand erhebt. Man muss als Teilnehmer nicht für einen Vorschlag sein, es interessiert nur, ob man eventuell dagegen ist. Ist man dagegen, begründet man das mit Argumenten.

Um zu beschleunigen, ist es wichtig, schnell zu lernen. Dazu muss man so schnell wie möglich herausfinden, was funktioniert und was nicht. Fehler zu machen ist zu einer wichtigen Randbedingung für Beschleunigung geworden. Denn wer am schnellsten die meisten Fehler macht, der lernt am meisten und gewinnt. Also entscheiden Sie schnell und schauen Sie, ob etwas funktioniert. Wenn ja, dann behalten Sie es bei. Wenn nicht, probieren Sie etwas anderes aus. Dabei hilft es, sich zu fragen, ob diese Entscheidung »gut genug für den Augenblick ist und sicher genug, um es zu versuchen?« anstelle von: »Ist das perfekt?«

Nordstern

Mahatma Gandi sagte einmal: Geschwindigkeit spielt keine Rolle, wenn man in die verkehrte Richtung läuft. Die Richtung ist tatsächlich entscheidend, wenn man die Prozesse in einer Organisation grundlegend beschleunigen will. Ein wichtiger Grund dafür ist, dass in einer schnellen Organisation beinahe alle Entscheidungen auf der operativen Ebene getroffen werden, weil dort auch durchweg die meisten Kenntnisse und Informationen zur Verfügung stehen. Dafür ist ein gemeinsamer Bezugspunkt erforderlich. Warum sind wir hier? Was ist unser übergeordnetes Ziel als Organisation? Was ist unsere Definition von Erfolg? Gestalten Sie deshalb das alles verbindende höhere Ziel für alle inspirierend und messbar. So können Teams selbst abwägen, ob die Entscheidung sie in die richtige Richtung führt oder ob sie dadurch einen Schritt zurück oder zur Seite gehen. Ohne eine eindeutige Richtung bewegen sich Teams schwankend, was unmittelbar auf Kosten der Beschleunigung geht. Und aufgepasst: Gewinn, Marge, Bonus und Shareholder Value sind nicht unbedingt Beispiele für ein übergeordnetes Ziel, für das Menschen morgens voller Energie aus dem Bett springen.

In der Geschichte von *Kitchen Quick* wird dieser Sachverhalt vor allem durch den Fokus des Formel-1-Teams illustriert – sich kontinuierlich die Frage zu stellen: »Wird das Auto dadurch schneller?« Das ist der Nordstern des Rennteams. Er liefert einen Kompass für die täglichen Entscheidungen. Und wenn die Frage wieder und wieder gestellt wird, wird sie von selbst für jeden zu einem Automatismus. Bei *Kitchen Quick* fehlte es an dieser klaren Ausrichtung. Die eine Abteilung wollte so viel wie möglich verkaufen, die andere die Kunden so weit wie möglich zufriedenstellen und eine dritte wollte, dass streng nach der Planung gearbeitet wird. Bei derart verschiedenen Richtungen kommen sich die Mitarbeiter gegenseitig in die Quere. Erst als Ronald (durch die Aktion von Henk) die Liefergeschwindigkeit als zentrales Ziel vorgab und einen Kundenfokus etablierte, entstand eine gemeinsame Ausrichtung.

Formel-1-Teams haben das »Glück«, dass sie sehr einfach ein solch klares Ziel formulieren können und nach jedem Rennen genau wissen, wo sie hinsichtlich ihres Ziels stehen. In Organisationen ist dies oft weniger offensichtlich, aber durchaus möglich. Deshalb verbringen die schnellsten Organisationen viel Zeit damit, sicherzustellen, dass jedes Team und jeder Mitarbeiter genau weiß, wie seine Arbeit zum kollektiven Ziel der Organisation beiträgt. Denn das zu wissen, ist außerordentlich inspirierend und motivierend.

In der Geschichte übernimmt Ronald noch eine weitere Idee aus der Formel 1: das für alle obligatorische Meeting am Montagmorgen (das »Weekly«), in dem der Teamchef erklärt, was während des Rennens passiert ist und welche Auswirkungen das auf die Prioritäten bis zum folgenden Rennen hat. Es handelt sich dabei nicht um eine einseitige Kommunikation, sondern vorrangiges Ziel ist es, Fragen der Mitarbeiter zu beantworten. So müssen sie in der Zeit zwischen den Rennen nicht nach dem Sinn und Zweck fragen, denn jeder weiß bereits darüber Bescheid. Es entsteht ein geteiltes Bewusstsein. In der Folge handelt jeder aus seiner oder ihrer Expertise und Rolle heraus, mit dem richtigen Kontext und den erforderlichen Informationen. Das gibt es nicht nur in der Formel 1, schnelle Organisationen arbeiten ebenso.

Transparenz über die gemeinsame Richtung und den erzielten Fortschritt ist entscheidend. Und mit der Zeit geht die Transparenz vielleicht sogar noch weiter und alle Informationen werden für jeden sichtbar und zugänglich. Sie kann beispielsweise auch auf Rollen, Gehaltsstrukturen, Unternehmenserfolge und finanzielle Kennzahlen ausgeweitet werden. Nur wenn alle relevanten Informationen zur Verfügung stehen und eine klare Richtung vorgegeben ist, können Teams sich selbst organisieren.

Sorgen Sie dafür, dass glasklar ist, worum es geht, wer welche Rolle innehat und wer welche Entscheidungen trifft. Menschen wollen von Natur aus gern zu einem gemeinsamen Zweck beitragen. In Organisationen, in denen es an Klarheit fehlt, gibt es deshalb sehr viele Abstimmungsmeetings, ergänzt um Unmengen E-Mails mit Dutzenden Menschen in cc, in der Hoffnung, so die richtigen Personen einzubeziehen und das Richtige zu tun. Aber – *hope is not a strategy!*

Einfacher

Vereinfachung und Verschlankung sorgen sofort für Beschleunigung. Sportler schauen nicht umsonst sehr genau auf Gewicht und prozentualen Körperfettanteil. Dasselbe gilt für Organisationen. Größe macht träge und langsam. Aus der Ferne betrachtet sieht es manchmal sogar so aus, als ob viele Organisationen an einer chronischen Form von Adipositas (Fettleibigkeit) leiden. Es verwundert nicht, dass sie langsam sind und viele Mitarbeiter wenig Energie spüren. Nicht umsonst misst Professor Gary Hamel die Kosten für Bürokratie anhand des BMI (bureaucracy mass index)[1]. Er unterscheidet sieben Kategorien:

1. **Übergewicht**
   zu viele Manager, Koordinatoren und Managementebenen.
2. **Reibung**
   zu viel Beschäftigungstherapie, was die Entscheidungsprozesse verzögert.
3. **Abkapselung**
   zu viel Zeit für interne Angelegenheiten verwenden.
4. **Disempowerment** (Entmachtung)
   zu viel Beschränkung der Autonomie.
5. **Risikoaversion**
   zu viele Barrieren, um Risiken einzugehen.

---

1. Gary Hamel, Harvard Business Review: »Assessment: Do You Know How Bureaucratic Your Organization Is?«; *https://hbr.org/2017/05/assessment-do-you-know-how-bureaucratic-your-organization-is.*

6. **Trägheit**
   zu viele Hemmnisse für proaktive Veränderung.
7. **Politik**
   zu viel Energie wird auf das Erlangen von Macht und Einfluss verwendet.

Dann ist es höchste Zeit, zu reduzieren: weniger Menschen in einem Team, weniger Kunden zur gleichen Zeit, weniger Angebote, Dienstleistungen oder Produkte, weniger Arbeit parallel beginnen, weniger Bürokratie und Vorschriften: *less is more*. Das Verschlanken der Bürokratie wird sofort zu einer Beschleunigung führen. Regeln können oft vereinfacht werden, wenn man von Vertrauen anstelle von Misstrauen ausgeht. Sobald ein Problem auftritt, neigen wir dazu, einen Prozess oder eine Richtlinie hinzuzufügen, um sicherzustellen, dass es nie wieder auftritt. Wir vergessen dabei oft, dass eine solche Regel auf lange Sicht wie eine permanente Bremse wirkt.

Bei *Kitchen Quick* gibt es mehrere Abteilungen. Jedoch nur ein Teil der Mitarbeiter schaut wirklich nach außen und denkt aus der Perspektive des Kunden und seiner Interessen. Die meisten sind vor allem mit sich selbst und miteinander beschäftigt, während der tatsächliche Kundennutzen (eine gelieferte Küche) quer durch alle Abteilungen geschaffen wird. Eine mögliche Lösung dieses Problems können kleine, multidisziplinäre Teams sein, die immer nur für genau einen Kunden arbeiten und erst das vollständige Ergebnis liefern, ehe sie sich dem nächsten Kunden zuwenden. Also viel weniger parallele Arbeit und viel weniger Abteilungen, die sich gegenseitig beliefern. Das bedeutet, so viel wie möglich sequenziell und so viel wie möglich direkt für einen einzelnen Kunden zu arbeiten.

Müssen Kundenservice, Planung, Einkauf und Vertrieb zentral oder dezentral organisiert werden? Bei *Kitchen Quick* war Dezentralisierung die Lösung. Aber das muss nicht per se immer so sein. Manchmal ist es völlig logisch, etwas zu zentralisieren. Dabei geht es nicht um richtig oder falsch, beide Ansätze haben ihre Vor- und Nachteile. Deshalb sollte man bei dieser Art von Entscheidungen immer die Frage stellen: Auf welche Weise können wir unseren Kunden schneller einen Mehrwert liefern?

Um den Prozess zu beschleunigen, ist es daher wichtig, konstant den Fokus auf Vereinfachung, also die Kunst des Weglassens, beizubehalten. Nehmen Sie sich nur einer Sache an, vereinfachen Sie diese und wenden Sie sich dann der nächsten zu. Und vergessen Sie nicht, Ihre Kunden und Mitarbeiter zu fragen, wo die größten Potenziale für Vereinfachung liegen. Da diese täglich damit konfrontiert sind, bilden sie eine wichtige Inspirationsquelle für Beschleunigung. Und die Potenziale stecken oft in den kleinen Dingen: um Zustimmung fragen, wo es völlig unsinnig ist, einen Report liefern, den eigentlich niemand braucht, fünfmal in einem System auf »OK« klicken müssen, wenn einmal schon völlig ausreichend wäre, usw. Gehen Sie bei Ihren Kunden und Mitarbeitern von Vertrauen und gesundem Menschenverstand aus und ermöglichen Sie ihnen, ihre Arbeit so gut wie möglich zu erledigen.

All das ist nicht einfach: Vereinfachen ist viel schwieriger, als die Welt komplexer zu machen. Entledigen Sie sich der Dinge, die irgendwann aus dem einen oder anderen Grund eingeführt wurden. Prüfen Sie, ob sie noch gebraucht werden. Und im Zweifel – abschaffen und schauen, ob Sie sie vermissen. Sie können sie jederzeit wieder hinzufügen.

Lernen und anpassen

Halten Sie sich bei allem an einen einmal aufgestellten Plan? In vielen Organisationen wird nichts ohne vorherige Planung unternommen, Budgets gibt es nur auf Basis einer detaillierten Kosten-Nutzen-Rechnung und es wird erwartet, dass danach alles gemäß Plan verläuft. Abweichung vom Plan ist nicht erlaubt oder führt zu Korrekturen. Diese Denkweise stammt aus einer Zeit, in der das Management erfunden wurde: vor rund hundert Jahren während der industriellen Revolution. Damals war es ungeheuer effektiv, einen einfachen, linearen Prozess zu optimieren, bei dem man jeden Schritt im Voraus festlegen und das Ergebnis vorhersagen konnte.

Diskussionen über Budgets und die Einhaltung von Plänen sind jedoch zeitraubend und Verschwendung. Wir versuchen, die Zukunft vorherzusagen und dann krampfhaft daran festzuhalten, doch die Zukunft lässt sich nicht in Plänen einfangen. In der heutigen, sich schnell verändernden Welt sind die meisten Probleme viel komplexer und dafür ist ein anderes Herangehen erforderlich. Wir können nicht mehr länger davon ausgehen, dass wir alles durch Nachdenken oder Hinzuziehen von Experten lösen können. Stattdessen müssen wir schnell lernen, ob etwas funktioniert oder nicht. Das heißt, weniger Planung und Vorhersagen, sondern mehr Dinge ausprobieren, kleine Schritte machen, experimentieren und gegensteuern.

In der Geschichte von *Kitchen Quick* war plangetriebenes Verhalten an der Tagesordnung. Das bestehende Managementteam war in keiner Weise auf Veränderung, sondern nur auf das Aufrechthalten des Status quo fokussiert. Veränderung war nicht etwas, das kontinuierlich vonstattenging, sondern allerhöchstens etwas Einmaliges. Einige der Hauptfiguren hatten eine starke persönliche Vorliebe für Managementsteuerung und Kontrolle. Dadurch wird man langsam. Ronald entdeckt diesen Hang bei sich selbst und schafft es, sich am Ende komplett zu ändern. Er selbst wird der Inspirator und

Experimentator im Unternehmen. Doch das traditionelle Verhalten ist ziemlich tief verwurzelt – nicht nur im Unternehmen und seinem Managementteam, sondern vor allem auch in ihm selbst. Er hat erst ganz am Ende seiner Entdeckungsreise den Mut, die Teams selbst Entscheidungen treffen und daraus lernen zu lassen. Er hat lange viel zu viel Angst, dass dadurch alles außer Kontrolle geraten würde. In dieser Hinsicht konnte er eine Menge vom Formel-1-Team lernen. Dieses geht immer bis an die Grenzen, jedes Mal aufs Neue. Bis ans Limit zu gehen ist eine natürliche Tendenz, sowohl für den Rennfahrer als auch für das gesamte Team. Denn erst im Grenzbereich zeigen sich die Unterschiede. Jedes gewonnene Zehntel einer Sekunde ist eines von vielen, die in Summe die Sekunden ergeben, die für ein Formel-1-Auto Sieg oder Niederlage bedeuten.

Entscheidend dafür ist, Menschen ein sicheres Umfeld zu bieten, in dem sie Fehler machen dürfen – oder sogar: Fehler machen müssen. Bei den besten Formel-1-Teams herrscht eine ausgeprägte *no-blame*-Kultur. Im Buch »Performance at the Limit« findet sich folgendes Zitat von Rob Smedley, ehemals Ingenieur beim Ferrari-Formel-1-Team: »Wenn man eine *blame*-Kultur hat, stecken Menschen sechzig bis neunzig Prozent ihrer Energie in das Verbergen der Dinge, die sie getan haben, statt diese Energie zu investieren, um das Problem zu verstehen, sodass das Auto schneller wird.« Und Paddy Lowe, ehemaliger technischer Direktor bei Mercedes F1, fügt hinzu: »Jedes Mal, wenn man negativ auf ein Problem reagiert, nimmt man sich selbst die Chance, besser zu werden.«

Die Kunst des schnellen Lernens besteht darin, die Durchlaufzeit so zu verkürzen, dass man erkennen kann, ob etwas funktioniert oder wo Verbesserungen erforderlich sind. Je kürzer diese Durchlaufzeit ist, desto mehr Experimente kann man starten, um zu lernen. Aus diesem Grund automatisieren IT-Teams immer wiederkehrende Aufgaben, mit dem Nebeneffekt, dass die Wahrscheinlichkeit menschlicher Fehler abnimmt. Dieses Vorgehen versetzt Amazon in die Lage, jede Minute eine Verbesserung ihrer Website auszurollen. Auch Formel-1-Teams haben enorm kurze Durchlaufzeiten, sodass sie Verbesserungen am Auto sehr schnell liefern und testen können. Es geht also in Wahrheit nicht um eine *time-to-market*, sondern um eine *time-to-learn*.

Verankerung (Anchoring) führt zu Verlangsamung. In einer dynamischen Umgebung wird alles zur Diskussion gestellt und im Laufe der Zeit verändert. Die Organisation ist dann eine sequenzielle Abfolge von temporären Zuständen. Die Art und Weise, wie man organisiert ist, stellt sich heute anders dar als vor einem halben Jahr und wird in einem halben Jahr auch wieder eine andere sein. Verankerung führt zu Verlangsamung, weil sie versucht, den alten Zustand beizubehalten.

Voller Erstaunen hörten wir einst ein Managementteam sagen: »Wir haben beschlossen, uns kommendes Jahr nicht zu reorganisieren, denn dadurch entsteht immer so viel Wirbel und Unruhe. Aber danach müssen wir den Laden mal wieder ordentlich durchschütteln.« Kein Wunder, dass Unruhe entsteht, wenn man nur hin und wieder eine enorm große Veränderung im gesamten Unternehmen anzettelt. Schnelle Organisationen hingegen verstehen, dass in einer Welt, in der Veränderung die einzige Konstante ist, es darauf ankommt, sich schneller als sein Umfeld zu verändern. Deshalb verändern sie sich kontinuierlich, in kleinen Schritten, mit dem Input ihrer Mitarbeiter.

Leidenschaftliche Teams

Ein wichtiger Teil schneller Organisationen sind selbstorganisierte, multidisziplinäre Teams. Teams, die autonom sind, Geschäftswert liefern ohne Abhängigkeiten von anderen und selbstständig Kurskorrekturen vornehmen können. Teams, die alle Kompetenzen besitzen, um ihre Arbeit erledigen zu können, und die in direktem Kontakt mit den Kunden stehen, um zu erfahren, ob diese mit dem Gelieferten zufrieden sind. Wenn diese Voraussetzungen gegeben sind, entstehen Leidenschaft und Energie von selbst. Denn Menschen sind von Natur aus voller Begeisterung und intrinsischer Motivation. In seinem Buch »Drive« verdeutlicht Daniel Pink, dass drei Faktoren dabei helfen, diese intrinsische Motivation zu nutzen: Autonomie, Meisterschaft und Sinn. In jedem Menschen steckt ein tiefer Wunsch nach Freiheit. Die Freiheit, selbst zu bestimmen, wie die eigene Arbeit getan wird, die eigenen Fähigkeiten und Fertigkeiten bei der Arbeit zu entwickeln (besser zu werden) und an etwas Sinnvollem zu arbeiten. Sind Mitarbeiter unmotiviert, so liegt es daran, wie die Organisation aufgebaut ist oder wie sie behandelt werden. Es liegt nie an den Menschen selbst.

Die Idee von selbstorganisierten und multidisziplinären Teams, die völlig frei sind in ihren Entscheidungen, ist nicht neu. Im Gegenteil, diese Idee wird seit Jahrzehnten in vielen Organisationen angewandt, selbst in solchen mit einer sehr straffen Hierarchie und Grenzen zwischen den Abteilungen. Denn was passiert, wenn ein sehr großes und unklares Problem gelöst werden muss? Dann wird eine Task Force gebildet, ein Krisenteam, ein War-Room oder Ähnliches. Ein solches Team setzt sich aus Menschen aller Abteilungen zusammen, sodass alles Wissen, alle Berechtigungen, Fähigkeiten und Fertigkeiten vereint sind. Diese Menschen werden von jeglicher anderer Arbeit freigestellt und erhalten das volle Mandant, das Problem zu lösen. Wenn etwas wichtig ist und schnell erledigt werden muss, dann wissen wir schon lange, wie es geht: mit multidisziplinären, selbstorganisierten Teams. Wenn es also immer schnell gehen muss, dann ist es möglicherweise eine gute Idee, die gesamte Organisation nur aus solchen Teams aufzubauen.

Genau das ist auch die Lösung in der Geschichte von *Kitchen Quick*. Ronald läuft immer wieder gegen die Mauern zwischen den Abteilungen und der Kunde ist dabei der Dumme. Im letzten Schritt, als letztes Puzzleteilchen, werden bei *Kitchen Quick* Kundenteams zusammengestellt, die sich jeweils einer Küche von Anfang bis Ende annehmen, d.h. aufmessen, produzieren und ausliefern. Solche Teams stellen eine Küche innerhalb einer Woche her. Das geht wirklich! Effizienzstreben führt in vielen Organisationen dazu, dass Abteilungen sich selbst optimieren. Auf dem Papier und in den internen KPIs sieht das dann hervorragend aus. Doch die Optimierung führt zu Pingpong zwischen den Abteilungen und längeren Durchlaufzeiten auf Kosten des Kunden! Der Kern extremer Beschleunigung und Flexibilität in Organisationen liegt in der Beseitigung gegenseitiger Abhängigkeiten. Ronald sorgt dafür, indem er die Abteilungen in Kompetenzbereiche umwandelt und die selbstorganisierten Teams in den Mittelpunkt stellt. Und diese wiederum haben einen sehr klaren Fokus auf ihre Kunden.

In guten Teams sind alle erforderlichen Talente und Kompetenzen vorhanden. Kompetenzen zur Zusammenarbeit werden immer wichtiger. Für Egos, Stars und selbsternannte Sonnengötter ist kein Platz in solchen Teams. Das Team ist immer wichtiger als der Einzelne. Gute Teams erkennen auch an, dass jeder Talente und Handicaps hat. Und das Handicap des einen ist mitunter das Talent eines anderen. Dann ist alles in Ordnung, denn in der Summe zählen nur die Talente.

Jeder Mensch ist anders und hat eine Art Bedienungsanleitung, die man oft erst entdeckt, wenn man schon lange mit jemandem zusammenarbeitet. Diesen Prozess kann man beschleunigen, indem jeder seine eigene Bedienungsanleitung aufschreibt und mit dem Team teilt. Wichtig sind Fragen wie: Was gibt mir Energie? Was macht mich völlig verrückt? Welche Eigenschaften schätze ich an anderen am meisten? Was denken Menschen häufig über mich, was aber gar nicht stimmt? Was ist die beste Art, mit mir zu kommunizieren? Auf welche Weise kann man mich am besten von etwas überzeugen? Wie möchte ich gern Feedback erhalten?[2]

In traditionellen Organisationen existieren oft Funktionsbeschreibungen mit einem festen Set von Aufgaben und Verantwortlichkeiten. Will man sich dort entwickeln, muss man warten, bis man befördert wird oder eine andere Funktion erhält. Das ist ein extrem limitierender Faktor, wenn es darum geht, das Potenzial von Mensch und Organisation voll auszuschöpfen. Schnelle Organisationen verzichten auf solche Funktionsbeschreibungen und befähigen Menschen, einen Rollenmix auszufüllen. Auf der Grundlage, welche Kompetenzen sie entwickeln wollen (Meisterschaft) und wie sie denken, zum übergeordneten Ziel der Organisation beitragen zu können (Sinn), entscheiden Menschen selbst, welche Rollen sie übernehmen (Autonomie). So entsteht ein dynamischer Marktplatz für Rollen, Teams und Projekte, zu denen sich Mitarbeiter freiwillig melden können. In der Formel 1 findet man dieses Prinzip bei den Boxenstopps. Sobald das Rennen vorbei ist, übernehmen die Menschen in den Boxenstopp-Teams wieder andere Rollen und Verantwortlichkeiten.

---

2. Quelle: Ivar Kroghrud und Adam Bryant

Elementare Physik

Newton hat uns eine Menge über Geschwindigkeit und Beschleunigung gelehrt. Die entsprechenden Grundgesetze sind bereits in der klassischen Physik festgelegt. Es sind Gesetzmäßigkeiten. Man kann sie deshalb nicht ein- oder ausschalten. In den Vorbemerkungen zu diesem Kapitel haben wir das erste Newtonsche Gesetz bereits erläutert. Daraus folgte, dass es nicht so sehr um Geschwindigkeit geht, sondern um Beschleunigung. Die physikalische Formel der Geschwindigkeit zeigt das: $v(t)=v(0)+at$. Die Geschwindigkeit zum Zeitpunkt t ist gleich die Geschwindigkeit zum Zeitpunkt Null (die Geschwindigkeit, die ein Objekt bereits besitzt) plus a mal t (Beschleunigung multipliziert mit der Zeit).

Vor allem der letzte Teil der Formel ist besonders interessant: a mal t. Bei konstanter Beschleunigung wird die Geschwindigkeit also ständig weiter zunehmen. Man muss also so lange wie möglich beschleunigen, um sich immer schneller zu bewegen. Für die Beschleunigung ist das zweite Newtonsche Gesetz verantwortlich, das lautet: $F=ma$, Kraft ist gleich Masse mal Beschleunigung. Oder umgestellt: $a=F/m$, Beschleunigung ist gleich Kraft geteilt durch Masse. Wenn man also a (Beschleunigung) erhöhen will, hat man zwei Optionen. Option 1: mehr Kraft, Option 2: weniger Masse. Oder natürlich von beidem etwas. Insbesondere Option 2 verdient es, näher betrachtet zu werden. Bei gleichbleibender Kraft nimmt die Beschleunigung nämlich zu, wenn die Masse sinkt. Deshalb machen wir eine Diät, wenn wir uns schneller bewegen wollen. Je weniger Gewicht wir haben, desto weniger Kraft braucht es, um sich zu bewegen.

Letzteres ist äußerst relevant für Organisationen. In vielen Fällen sind diese zu schwer, zu träge und zu groß, wie wir das weiter oben schon herausgearbeitet haben. Weniger Masse hilft dann enorm. Aber auch die Leistungssteigerung ist eine Option – in der Geschichte von *Kitchen Quick* realisiert durch einen stärkeren Motor oder eine vollautomatische Sägemaschine. Oder man eliminiert die Gegenkraft. Genau wie bei einem Rennwagen, bei dem man den Luftwiderstand verringert. Je geringer der (Luft-)Widerstand, desto schneller fährt das Auto. Viele interne Regeln und Vorschriften in einem Unternehmen erzeugen diese Art von Gegenkräften und machen deshalb langsamer.

Gleichzeitig braucht ein Rennwagen auch einen ausreichenden Anpressdruck, die *Downforce*, um die Verbindung zum Asphalt nicht zu verlieren. Wenn aller Luftwiderstand eliminiert ist, wird das Auto keine Bodenhaftung mehr haben und sogar abheben können! Beim Design der Aerodynamik eines guten Rennwagens besteht die Kunst darin, durch Spoiler möglichst viel Anpressdruck bei minimalem Luftwiderstand zu erzeugen. Für Organisationen bedeutet das: Sorgen Sie für das Minimum an Regeln und Vereinbarungen, um mehr Geschwindigkeit zu ermöglichen, ohne dass dabei eine Gegenkraft verursacht wird.

In der Geschichte von *Kitchen Quick* erklärt Mark, der Rennfahrer, diese physikalischen Gesetzmäßigkeiten. Er sagt etwas sehr Interessantes: Wenn man zu langsam in eine Kurve hineinfährt, hat man zu wenig Anpressdruck und fliegt deshalb aus der Kurve. Geschwindigkeit ist also entscheidend, um die Kontrolle über einen Rennwagen zu behalten. Dieses Phänomen beruht auf dem dritten Newtonschen Gesetz: actio gleich reactio. Hohe Geschwindigkeit sorgt also auch für mehr Kontrolle, selbst wenn das manchmal beängstigend ist.

Ein anderes relevantes physikalisches Gesetz ist das der Relativität. Albert Einsteins allgemeine Relativitätstheorie (auch Relativitätstheorie von Galilei genannt) besagt, dass absolute Geschwindigkeit nicht existiert. Geschwindigkeit ist relativ. Das gilt sicherlich auch für die Formel 1. Letztlich geht es dort nicht so sehr um die absolute Geschwindigkeit oder Beschleunigung, sondern vielmehr um die Geschwindigkeit im Vergleich zu den anderen Autos. Wer als Erster über die Ziellinie fährt, gewinnt. Geschwindigkeit und Beschleunigung spielen also vor allem eine Rolle in Relation zur Umgebung. Schauen Sie deshalb auf Ihre Kunden (oder die Konkurrenz), um zu bestimmen, welche Beschleunigung erforderlich ist.

Zum Schluss noch eine kleine Ergänzung. Sind Sie vor allem Wissensarbeiter? Arbeiten Sie in einem informationsintensiven Unternehmen, beispielsweise bei einer Bank, einer Regierungsorganisation, einer Versicherung oder einem Beratungsunternehmen? Dann sollten Sie verstehen, dass Sie in erster Linie nicht physische Aufgaben erledigen. Das soll nicht heißen, dass Sie sich physisch nicht anstrengen, sondern dass Ihre Arbeit keine physischen Bestandteile kennt. Bei derartiger Arbeit geht es vor allem um Informationen, Algorithmen, Daten oder Wissen – und die haben keine Masse! Und ohne Masse schießt die Beschleunigung in die Höhe. Schauen Sie nur noch einmal auf das zweite Newtonsche Gesetz: $a = F/m$. Möglicherweise erklärt das, warum unsere Gesellschaft derzeit immer schneller wird. Die Digitalisierung kennt kein Gewicht, wodurch die Beschleunigung in Richtung unendlich geht.

Rhythmus

Viele Menschen klagen über all die Zeit, die sie während nutzloser Meetings verschwenden. Durchschnittlich nimmt ein Mitarbeiter im Monat an etwa zweiundsechzig Meetings teil. Mehr als die Hälfte davon empfindet er als Zeitverschwendung. Manche Manager sitzen von morgens früh bis abends spät nur in Meetings, wodurch ihnen keine Zeit bleibt, ihre eigentliche Arbeit zu erledigen. Kein Wunder also, dass Teilnehmer während eines Meetings auf ihren Laptops arbeiten, mit ihrem Smartphone spielen oder einfach nur Tagträumereien nachhängen und nach draußen starren.

Extrem schnelle Organisationen können sich diese Verschwendung von Energie nicht erlauben. Stattdessen haben sie mit viel Bedacht eine *Fit-for-purpose*-Struktur von Interaktionsmomenten entworfen. Jede Zusammenkunft hat ein spezifisches Ziel, eine zugehörige Struktur und eine vorgegebene, feste Dauer. Die Meetings greifen ineinander und bilden zusammen einen festen Rhythmus, und so funktionieren sie als Ganzes und bringen die Arbeit voran. Patrick Lencioni beschreibt in seinem Buch »Tod durch Meeting« beispielsweise den folgenden Ansatz:

- Einen Tagesstart mit einem *Daily Standup* von fünf Minuten Dauer, um (im Stehen) die für diesen Tag angestrebten Ergebnisse abzustimmen und mögliche Blockaden auszuräumen.
- Ein wöchentliches *Tactical* von fünfundvierzig bis neunzig Minuten Länge, in dem das Gelernte der vergangenen Woche verankert und über das Vorgehen in der kommenden Woche entschieden wird.
- Ein monatliches Strategiemeeting von zwei bis vier Stunden, in dem auf die wichtigsten kritischen Sachverhalte geschaut und ernsthaft über ein bis zwei Themen diskutiert wird.

- Ein ein- bis zweitägiges Offsite-Meeting pro Quartal, in dem die Strategie auf den Prüfstand gestellt wird und mit ausreichend Zeit und Aufmerksamkeit an einer Verbesserung des Teams gearbeitet werden kann.

Ein weiteres Beispiel für ein Rahmenwerk mit einer expliziten Struktur ist Scrum. In Scrum planen die Menschen die Arbeit, die sie auch ausführen, und es wird gelernt, indem man handelt. Ein wichtiges Meeting in Scrum ist beispielsweise die Sprint-Retrospektive: Das Team kommt nach jedem Sprint zusammen, um zu lernen und festzulegen, was in der nächsten Iteration verbessert werden soll. Auch wenn Sie nicht mit Scrum arbeiten, sind regelmäßige Retrospektiven sehr wertvoll: Für einen Moment Geschwindigkeit rausnehmen, um danach wieder zu beschleunigen – sich Zeit nehmen, denn sonst kommt man nie an!

Formel-1-Teams haben einen sehr disziplinierten Rhythmus von etwa fünfzig Meetings pro Rennwochenende, in denen der Fokus klar auf Lernen und Verbessern gerichtet ist. Das Meeting für alle im Formel-1-Werk, das Ronald sofort bei sich als Weekly implementiert, ist ein weiteres Beispiel. Dabei vergisst er anfangs, dass der Input für ein solches Meeting nicht vom Himmel fällt. Erst später führt er das Teammeeting am Freitag ein, das einer Sprint-Retrospektive ähnelt. Ronald äußert sich sehr klar bezüglich der Bedeutung dieses Rhythmus' und setzt sich bewusst dafür ein, dass der Takt zur »Pflicht« wird. Über die Art und Weise, wie er dabei vorgeht, lässt sich streiten. In seiner Rolle als Geschäftsführer tritt er jedoch sehr entschieden auf: Der Rahmen ist gesetzt und davon werden keine Ausnahmen gemacht, wie schwierig das manchmal auch sein mag. Eine derartige Disziplin bringt die Organisation in einen festen Rhythmus. Dieser Rhythmus verhindert Ad-hoc-Abstimmungen und liefert in hoher Frequenz Ergebnisse – eine wichtige Voraussetzung für Beschleunigung. Es ist entscheidend, an diesem Rhythmus diszipliniert festzuhalten. Ein fester Rhythmus sorgt nämlich für Vorhersagbarkeit. Er ist ein klarer »Landeplatz« für unvorhergesehene Ereignisse. Wenn glasklar ist, wann über welche Themen auf welche Weise gesprochen wird, brauchen wir keine Zeit oder Energie darauf zu verschwenden, um genau das erst herauszufinden. Es läuft von selbst. Was auch immer passiert, die nächste Interaktionsmöglichkeit ist nie fern.

In vielen Organisationen erlebt man, dass eine andere Arbeitsweise die Einführung eines anderen Prozesses oder Verfahrens bedeutet. Doch das ist nicht der Kern *dieser* Zusammenkünfte. Dort geht es vor allem um das Liefern, um das Fertigstellen von Produkten oder darum, konkrete Schritte zu unternehmen, von denen jeder für sich Geschäftswert liefert. Kein Aufwand ohne klares Ergebnis. Deshalb ist es wichtig, dass täglich der Fokus auf Fertigwerden gelegt wird. Nimm nur eine Sache zur gleichen Zeit in Angriff und schließ die dann auch ab. Viele Dinge parallel zu bearbeiten, sorgt für größere Lagerbestände, Wartezeiten, Koordination, Verzögerungen und viele andere Arten von Verschwendung. Und die verlangsamen die Prozesse wieder.

Schnelle Organisationen wissen, dass es unsinnig ist, viel Energie in detaillierte Pläne zu investieren, die weit in die Zukunft reichen. Stattdessen verankern sie das Planen in kurzen Zyklen in ihrem täglichen Rhythmus. Es ist jedoch wichtig, ein Gleichgewicht zwischen kurz- und langfristigen Zielen zu finden. Formel-1-Teams beispielsweise legen deshalb für ein Drittel des Personals den Fokus auf das Auto der nächsten Saison. Diese Mitarbeiter bleiben Teil des gesamten Teams, haben jedoch die Zeit, extremere Innovationen zu erproben, als es den Teams, die an kleinen, inkrementellen Verbesserungen arbeiten, möglich ist. Sorgen Sie dafür, dass der Rhythmus Raum sowohl für Innovationen, die sofort umgesetzt werden (Evolution), als auch für unsichere Initiativen mit einem langfristigen Fokus (Revolution) bietet.

Fühlen Sie sich erdrückt von wiederkehrenden Meetings, die nicht gut funktionieren? Dann ist es manchmal das Beste, einfach alle Meetings für ein bis zwei Wochen zu annullieren. Sie kommen dann sehr schnell dahinter, was Ihnen wirklich gefehlt hat. Bauen Sie dann Ihren Rhythmus von Grund auf neu auf.

Anhang

Mehr lesen?

Beim Vorbereiten und Schreiben dieser Geschichte und beim Zusammenstellen des Modells wurden wir von einer großen Anzahl von Büchern, Artikeln, Videos und Menschen inspiriert. All das hier bis ins Detail aufzuführen, ist unmöglich. Für den Fall, dass Sie mehr lesen wollen, folgen hier ein paar Tipps. Schauen Sie auch auf *www.formule-x.nl* für weiteres Hintergrundmaterial.

Formel 1

Mark Jenkins, Ken Pasternak, Richard West: *Performance at the Limit. Business Lessons from Formula 1 Motor Racing*. Cambridge University Press, 2016.

Ross Brawn, Adam Parr: *Total Competition. Lessons in Strategy from Formula One*. Simon and Schuster, 2016.

Olav Mol, Erik Houben, Mike Mulder: *Zo werkt de Formule 1. Alles wat je maar wilt weten over der Formule 1 helder uitgelegd*. Singel uitgevers, 2017.

Koen Vergeer: *MaxMania. De weg naar de top*. Atlas Contact, 2018.

Management und Organisation

Aaron Dignan: *Brave New Work. Are You Ready to reinvent Your Organization?*. Portfolio, 2019.

Allard Droste: *Semco in de polder. Durf jij de vaste structuur los te laten en anders gaan werken? Het kann eenvoudig!*. Boom, 2017.

Brian M. Carney, Isaac Getz: *Freedom Inc. How Corporate Liberation Unleashes Employee Potential and Business Performance*. Somme Valley House, 2016.

Frederic Laloux: *Reinventing Organizations*. Nelson Parker, 2014.

(Deutsche Übersetzung: *Reinventing Organizations*. Vahlen, 2015)

Wouter Hart, Marius Buiting: *Verdraaide organisaties. Terug naar de bedoeling*. Vakmedianet, 2012.

Kundenorientierung

Jos Burgers: *Eén fan per dag. Hoe overtref je de verwachtingen van klanten?*. Van Duren Management, 2017.

Jos Burgers: *Gek op gaten. Ontdek wat klanten* écht *willen*. Van Duren Management, 2012.

Patrick Lencioni: *Getting Naked. A Business Fable About Shedding The Three Fears That Sabotage Client Loyalty*. John Wiley & Sons, 2010.

Leadership

David Marquet: *Turn the Ship Around! A True Story of Turning Followers into Leaders*. Portfolio, 2013.
(Deutsche Übersetzung erscheint ca. I. Quartal 2020 im dpunkt.verlag)

Daniel Pink: *Drive. De verrrassende waarheid over wat ons motiveert*. Business Contact, 2016.
(Deutsche Übersetzung: *Drive: Was Sie wirklich motiviert*. Ecowin Verlag, 2019)

Rini van Solingen: *De Bijenherder. Leidinggeven aan zelfsturende teams, hoe doe je dat?*. Business Contact, 2016.
(Deutsche Übersetzung: *Der Bienenhirte – über das Führen von Selbstorganisierten Teams: Ein Roman für Manger und Projektverantwortliche*. dpunkt.verlag, 2017)

Peter Koning: *Toolkit voor agile leiders. Leidinggeven aan wendbare teams.* Boom, 2017.
(Deutsche Übersetzung: *Toolkit für agile Führungskräfte: Selbstorganisierte Teams zum Erfolg führen.* dpunkt.verlag, 2019)

Meetings und Entscheidungsfindung

Patrick Lencioni: *Vergaderen is dodelijk. Maak vergaderen weer productief en zinvol.* Business Contact, 2012.
(Deutsche Übersetzung: *Tod durch Meeting: Eine Leadership-Fabel zur Verbesserung Ihrer Besprechungskultur.* Wiley-VCH, 2. Auflage, 2017)

Diederick Janse, Marcel Bogers: *Getting Teams Done. Een praktische methode voor teamproductiviteit.* Boom, 2013.

Agilität

Stephen Denning: *Het tijdperk van agile. Hoe slimme bedrijven hun manier van werken transformeren.* NUBIZ, 2018.
(Englische Version: *The Age of Agile: How Smart Companies Are Transforming the Way Work Gets Done.* McGraw-Hill Education Ltd, 2018)

Rini van Solingen: *Agile. Een boek over hoe je een organisatie gezond, flexibel en fit maakt, bordevol tips, valkuilen en praktijkervaring.* Management Impact, 2018.
(Deutsche Übersetzung erscheint ca. I. Quartal 2020 im dpunkt.verlag)

Stanley McChrystal: *Team of Teams. New Rules of Engagement for a Complex World.* Portfolio, 2015.
(Deutsche Übersetzung: *Team of Teams: Wie Organisationen ihre Anpassungsfähigkeit in einer komplexen Welt verbessern können.* Vahlen, 2019)

Jacques Pijl: *Strategie = Executie. Sneller verbeteren, vernieuwen en innoveren in een nieuwe tijd.* Vakmedianet, 2017.
(Englische Übersetzung: *Strategy = Execution: Faster Improvement, Renewal, and Innovation in the New Economy.* MGMT IMPACT PUB, 2019)

Danksagung

Das Schreiben eines Buchs ist Teamarbeit – nicht nur für uns als Autoren, sondern auch für eine große Gruppe Menschen um uns herum. Deshalb wollen wir die Gelegenheit nutzen, um mehreren Personen zu danken.

Die meisten Ideen in diesem Buch stammen von anderen. Wir sind unzähligen Pionieren und anderen mutigen Menschen zu Dank verpflichtet, die diese Arbeitsweisen entwickelt und unser Verständnis von Organisation geprägt haben.

Svenja de Vos, dir danken wir für deine intensiven Kommentare zu mehreren Versionen dieses Manuskripts. Dein Input hat zu einer viel klareren Formung der Hauptpersonen beigetragen und dafür gesorgt, dass Yvonne nicht länger eine »Meckertante« und Ronald viel weniger ein »riesengroßer Trottel« ist. Danke für dein klares und deutliches Feedback und vor allem für deinen Enthusiasmus über dieses Buch!

Dank an die Reviewer dieses Buches: Rob Dielissen, Klaas Gosink, Stèphanie Gosink, Evert-Jan van der Kleij, Hans de Man, Marten Meij und Wilbert Seele für ihre kritischen Kommentare, und Marten insbesondere für seine Schärfung der Renndetails in der Geschichte.

Robert Doornbos, dir danken wir für dein Geleitwort zu diesem Buch. Eine Geschichte, die in der Welt der Formel 1 spielt, muss von einem Experten auf diesem Gebiet eingeleitet werden. Vielen Dank für deine schönen Worte! Zugleich danken wir Hans van der Veen und Kees Veer, dass sie den Kontakt zu Robert hergestellt haben.

Luuk Snellen und Wilco van Meijl vom Küchen- und Einrichtungshaus Willuks danken wir für einen Blick »in ihre Küche«: den wirklichen Herstellungsprozess von kompletten maßgeschneiderten Küchen.

Bart de Van und Rob Heymann danken wir, dass sie Jurriaan 2017 eingeladen haben, um hinter die Kulissen bei Red Bull Racing zu schauen. Hier wurde zum größten Teil das Interesse an der organisatorischen Seite der Formel 1 geweckt. Vielen Dank dafür!

Mark Jenkins, Ken Pasternak und Richard West danken wir dafür, dass sie »Performance at the Limit. Business Lessons from Formula 1 Motor Racing« geschrieben haben. Ein Buch, das uns einen hervorragenden Blick hinter die Kulissen der Formel 1 gewährt hat.

Harry Brouwer, Wilma van Dijk, Jeroen Tas, Frank Coster, Frans van der Horst, Anneke Keller, Mariëlle Lichtenberg, Huub Vermeulen, Amir Arooni und Svenja de Vos – vielen Dank für eure lobenden Worte und Empfehlungen zu diesem Buch. Ihr habt uns stolz gemacht und beinahe zum Erröten gebracht.

Roman Jansen von Managementboek.nl danken wir für seinen Enthusiasmus und seine Hilfe ohne Ende beim Marketing rund um dieses Buch.

Wir danken allen Kollegen bei The Ready, der TU Delft und Prowareness. Wissen und Ideen entstehen immer durch Interaktion mit anderen. Ob an der Kaffeemaschine oder in gemeinsamen Kundenprojekten, macht keinen Unterschied. Dank für die Zusammenarbeit und Inspiration.

Femke Bilderbeek, Sabine Holtermann, Ron Kroon, Samira van Rhee, Cecilia Schouten und Adri de Visser von Business Contact danken wir für die Unterstützung bei der Entstehung dieses Buches. Ebenso Dank an Carolien van der Ven und Marian van Eekelen für das Schärfen des Textes.

Einen Dank an unsere Lieben zu Hause. Ein Buch zu schreiben kostet Zeit. Und selbst wenn das Schreiben manchmal am Küchentisch stattfindet, bedeutet physische Anwesenheit in diesem Falle doch mentale Abwesenheit. Danke für eure Zeit, eure Unterstützung und euer Verständnis!

Last but not least, ein Dankeschön an Janine Sloof und Sandra Wouters von Business Contact. Anfang 2018 kamt ihr mit der überraschenden Frage auf uns zu, einmal über ein Managementbuch mit Bezug zur Formel 1 nachzudenken. Das war der allererste Funke für dieses Buch. Ohne eure Idee würde es dieses Buch nicht geben.

Jurriaan Kamer und *Rini van Solingen*
Delft, 16. April 2019

Über die Autoren

Rini van Solingen (Prof. Dr.) ist Referent, Autor, Hochschullehrer und Unternehmer. Jedes Jahr hält er rund 150 Vorträge und Workshops. Sein Fachgebiet sind Schnelligkeit und Flexibilität von Menschen und Organisationen.

Er vereinfacht komplexe Sachverhalte und erklärt sie auf verständliche und humorvolle Weise. Dazu nutzt er einfache Analogien und erzählt konkrete Geschichten und Anekdoten aus der Praxis. In seinen Vorträgen verwendet er einfache, kraftvolle Modelle, und das nicht immer todernst, sondern es darf auch gelacht werden. Rini van Solingen richtet sein Augenmerk vor allem darauf, sein Publikum zu empowern. Er unterstützt Menschen dabei, zu verstehen, warum Dinge sind, wie sie sind, und was man selbst konkret daran verändern kann.

Rini van Solingen ist Teilzeit-Professor an der TU Delft und hält darüber hinaus regelmäßig Vorlesungen in Masterstudiengängen und MBAs an der Wirtschaftsuniversität Nyenrode. Zudem ist er CTO von Prowareness We-On und unterstützt dort als Strategieberater Kunden, ihre Organisationen schnell und flexibel aufzustellen.

Rini van Solingen ist Autor einer Reihe von Managementbüchern, unter anderem »De Kracht van Scrum« (2010, mit Elco Rustenburg; deutsch »Die Kraft von Scrum«, dpunkt.verlag, 2014), »Scrum voor Managers« (2012) und »Agile werken in 60 minuten« (2018, beide gemeinsam mit Rob van Lanen), »De responsive enterprise« (2016, mit Vikram Kapoor), »Agile« (2018; deutsch »Agile«, dpunkt.verlag, 2020) und »De Bijenherder« (2016; deutsch »Der Bienenhirte«, dpunkt.verlag, 2017), ein Businessroman über das Führen von selbstorganisierten Teams.

Nehmen Sie bei Fragen oder für ein Gespräch gern mit ihm Kontakt auf (*rini@formule-x.nl*) oder schauen Sie sich auf seiner Website um (*www.rinivansolingen.nl*). Er freut sich, von Ihnen zu hören und antwortet in der Regel sehr schnell. Die größte Freude bereiten Sie ihm, wenn Sie ihn bitten, einen Vortrag während einer Unternehmensveranstaltung, einer Fortbildung oder auf einer Konferenz zu halten. Denn das ist seine größte Leidenschaft.

Jurriaan Kamer (MSc) ist Organisationsdesigner, Transformationscoach und Referent. Er ist Experte für alternative Organisationsformen. Seine Leidenschaft sind neue Organisationen und Ansätze, wie man bestehende Organisationen transformieren kann. Er schaute für ein paar Wochen hinter die Kulissen bei Spotify und bol.com und interviewte Menschen unter anderem bei Apple, Google, Facebook und Airbnb, um zu verstehen, wie sie arbeiten. Darüber hinaus ist er seit Jahren begeisterter Fan und Besucher der Formel 1. Als sich ihm die Möglichkeit bot, einen Blick hinter die Kulissen der Formel 1 zu werfen, wurde der Grundstein für dieses Buch gelegt.

Jurriaan Kamer ist Autor einer Reihe vielgelesener Artikel wie z. B. »How to Build Your Own Spotify Model«, »Beyond Agile: Why Agile Hasn't Fixed Your Problems« und »This Company Achieves 100 % Customer Satisfaction with 0 % Managers«. Er hält regelmäßig Vorträge und Workshops über seine Erfahrungen in der Praxis, um sein Publikum zu inspirieren und in Bewegung zu bringen.

Außerdem ist er Partner bei The Ready, einem Unternehmen für Organisationsdesign und Transformation, das auf die Zukunft der Arbeit spezialisiert ist. Hier unterstützt er Führungskräfte dabei, in ihren Organisationen die Regeln, Gewohnheiten und Denkweisen abzuschaffen, die Verzögerungen verursachen, sodass die Arbeit schneller, agiler, menschlicher und zum Vergnügen wird.

Sie können Jurriaan Kamer gern per E-Mail kontaktieren (*jurriaan@formule-x.nl*) oder sich auf seiner Website (*www.jurriaankamer.nl*) umschauen. Melden Sie sich für seinen Newsletter an oder folgen Sie ihm auf LinkedIn oder Twitter, um viele interessante Artikel zu lesen.

Rini van Solingen und **Jurriaan** Kamer halten übrigens auch gemeinsam Präsentationen über Schnelligkeit und Flexibilität in Organisationen, in denen sie logischerweise auch den Bezug zur Formel 1 herstellen. Interessiert? Dann nehmen Sie mit ihnen Kontakt auf oder gehen Sie auf *www.formule-x.nl*.

Über den Übersetzer

Rolf Dräther studierte Physik und arbeitete u.a. als Schallschutzsachverständiger, Windsurf- und Snowboardlehrer, Softwareentwickler, Radkurier, Leiter einer Softwareentwicklungsabteilung, Autor und Übersetzer. Als er spürte, dass ihn die Menschen mehr als die Technik interessieren, absolvierte er eine dreijährige berufsbegleitende Ausbildung am Systemischen Institut Karlsruhe und eine Vielzahl von Weiterbildungen. Seit 2013 arbeitet er freiberuflich als Berater und Coach. Dabei ist für ihn Freude bei der Arbeit ein zentraler Erfolgsfaktor und besonderes Anliegen.

Rolf Dräther ist Autor von »Retrospektiven – kurz & gut« (O'Reilly 2014), Ko-Autor von »Scrum – kurz & gut« (O'Reilly 2019) und »Neue Geschichten vom Scrum« (dpunkt 2018) und zudem Übersetzer von »Der Bienenhirte« (dpunkt 2017), »Praxisbuch Reisefotografie« (dpunkt 2018) und »Toolkit für agile Führungskräfte« (dpunkt 2019). Er teilt sein Wissen gern und regelmäßig auf Konferenzen und Community-Events.

Zwischen 2003 und 2013 segelte Rolf Dräther auf eigenem Kiel in niederländischen Gewässern. Ausgelöst von dem Wunsch, sich dort z.B. mit dem Hafenmeister unterhalten zu können, beschäftigt er sich seit dieser Zeit intensiv mit der niederländischen Sprache und Kultur. Die Segelsommer wurden zu seinen Niederländisch-Praxissemestern.

2015 hat er auf dem motorlosen Frachtsegler »Tres Hombres« den Atlantik überquert.

Stimmen zum Buch

Huub Vermeulen, CEO, bol.com

»Dieses Buch beschreibt auf spielerische Weise, wie Unternehmen agil und effektiv werden können, wenn sie sich auf eine wirkliche (multidisziplinäre) Zusammenarbeit in einer sicheren Umgebung einlassen. Dies steht im Einklang mit der Art und Weise, wie wir bei bol.com arbeiten wollen. Für dieses Buch sehe ich eine Zukunft als internes bol.com-Management-Handbuch.«

Harry Brouwer, CEO, Unilever Food Solutions

»›Formel X‹ verdeutlicht, wie man die Geschwindigkeit und damit den Erfolg eines Unternehmens steigern kann. Das Buch ist inspirierend für jeden, der ein schnelleres Team oder eine schnellere Organisation führen will.«

Mariëlle Lichtenberg, Direktor Privatkunden, Rabobank

»Das Buch liest sich hervorragend. Eine meiner wichtigsten Erkenntnisse ist, dass ich mich als Führungskraft verändern muss. Vertrauen geben statt Kontrolle und das intellektuelle Potenzial aller Menschen nutzen, anstatt nur das des Managementteams.«

Frank Coster, CIO, Randstad Groep Nederland
»Endlich ein Buch, das dabei unterstützt, ein Unternehmen wirklich agil zu machen. Jurriaan und Rini ist es gelungen, dieses Thema in einem gut lesbaren Buch zu verpacken. Ich habe es in einem Atemzug durchgelesen und arbeite bereits mit den Empfehlungen. Dieses Buch ist ein absolutes Muss!«

Anneke Keller, Head of Tech Campus, Jumbo Supermärkte
»Eine wunderbar nachvollziehbare Geschichte, mit der die SCHNELLER-Theorie verdeutlicht wird. Ich denke, es ist in vielen Unternehmen direkt anwendbar!«

Svenja de Vos, CTO, Leaseweb
»Sowohl Agilität als auch Formel 1 in einem Buch. Damit werden zwei meiner größten Leidenschaften vereint. Es ist ein unglaublich schönes und faszinierendes Buch, das sich nicht nur flüssig liest, sondern auch zum Nachdenken anregt. Voller Inspiration und neuer Ideen!«

Wilma van Dijk, Director Safety, Security & Environment, Schiphol Group
»Angesichts der Notwendigkeit, in Unternehmen schneller zu werden, ist dieses Buch sehr verständlich geschrieben und voller nützlicher und intelligenter Tools. Also an die Arbeit!«

Frans van der Horst, CEO, Retail Banking, ABN AMRO Bank
»›Formel X‹ ist verständlich, spannend und wiedererkennbar. Eine wunderbare Kombination aus Lean, kontinuierlichem Lernen und agilen Elementen. Die Parallele zum Rennsport und die professionelle Vorgehensweise dort sind sehr sorgfältig herausgearbeitet. Mir hat gefallen, dass Beschleunigen nur dann funktioniert, wenn ein Unternehmen einen hohen Grad an gemeinsamer Zielorientierung erreicht hat, die es tatsächlich lebt. Kurz gesagt, dieses Buch ist sehr empfehlenswert!«

Jeroen Tas, Chief Innovation & Strategy Officer, Royal Philips
»›Formel X‹ liest sich wie ein spannendes Buch für Jungs, in dem Erkenntnisse für Unternehmen, die schneller und effektiver im Markt agieren wollen, verpackt sind. Die Botschaft ist, dass selbstorganisierte, multidisziplinäre Teams, die sich auf Wertschöpfung konzentrieren, für den Kunden als Gewinner hervorgehen. Dieses Buch bietet eine gute Formel für lernende Organisationen in dynamischen Märkten!«

Amir Arooni, CIO, Nationale-Nederlanden Group
»Ein ausgezeichnetes Handbuch und eine Inspirationsquelle, um unsere Organisation agil aufzustellen. Besonders lehrreich finde ich die vielen Beispiele, wie man das effektiv bewerkstelligen kann. Die Kernaufgabe bleibt, sein Unternehmen hin zu einer lernenden Organisation zu entwickeln. Eine Empfehlung für jeden mit einer Leidenschaft für Veränderung!«